Les enjeux patrimoniaux de la séparation

Questions récurrentes

Droit privé et sciences criminelles

Collection dirigée par Yves Strickler

Créée fin 2011 par Yves Strickler et le Centre d'études et de recherches en droit privé (devenu le Centre d'études et de recherches en droit des procédures en 2013) de la Faculté de droit et science politique de Nice, la présente collection a pour vocation principale de publier des ouvrages en liaison avec le thème retenu pour dénomination de la collection. Cette dernière rassemble des recherches originales, tirées notamment de travaux de recherche, de manifestations scientifiques ainsi que d'ouvrages collectifs sur les interrogations actuelles que rencontre la science juridique, spécialement dans le domaine du droit privé et des sciences criminelles.

Dernières parutions

Les aspects procéduraux du dessaisissement, par Benjamin Ferrari, 2016.
Le droit et les sentiments, dir. Laurie Bolleri-Schenique et Delphine Lanzara, 2015.
L'erreur judiciaire : Apprendre à douter pour lutter contre les erreurs judiciaires, dir. Xavier Pin, 2015.
Fonctionnaires et droit pénal. Des justiciables comme les autres ?, dir. Marc Dalloz et Christine Courtin, 2015.
L'expertise non judiciaire à l'aune des droits fondamentaux, par Thibault Goujon-Bethan, 2015.
Un art, un droit, une question - Triptyque juridico-artistique, dir. Diane Boustani, Dalida Chabri, Marion Combe, Sarah Farhi, Marie-Cécile Lasserre, 2014.
Le paiement, dir. M. Mignot et J. Lasserre Capdeville, 2014.
Le droit de l'exécution des peines : espoirs ou désillusions ?, dir. Fabienne Ghelfi, 2014.

Sous la direction de
et textes réunis par
Laetitia ANTONINI-COCHIN

Les enjeux patrimoniaux de la séparation

Questions récurrentes

L'Harmattan

5-7, rue de l'École-Polytechnique - 75005 Paris
www.harmattan.fr
diffusion.harmattan@wanadoo.fr
ISBN : 978-2-343-09830-2
EAN : 9782343098302

Responsable scientifique

Laetitia ANTONINI-COCHIN

Auteurs (ordre alphabétique)

Laetitia ANTONINI-COCHIN, Maître de conférences HDR, Université Nice Sophia Antipolis, Directrice adjointe du CERDP (centre d'études et de recherches en droit des procédures), Directrice du Master 2 droit des responsabiltiés, Codirectrice du DU Médiation

Nathalie BEURGAUD-BONADA, Avocate au Barreau de Nice

Delphine DURAND, Juges aux affaires familiales au Tribunal de grande instance de Nice

Natalie FRICERO, Professeure, Université Nice Sophia Antipolis, membre du CERDP, Directrice du Master 2 Gestion des contentieux, Directrice de IEJ

Nathalie GASTALDI, Juges aux affaires familiales au Tribunal de grande instance de Nice

Patrice HILT, Maître de conférences HDR, Université de Strasbourg

Marie-Cécile LASSERRE, Maître de conférences, Université Nice Sophia Antipolis, membre du CERDP

Laurence PARENT-MUSARRA, Avocate au Barreau de Grasse

Sommaire

PREMIÈRE PARTIE

La liquidation du passé patrimonial

Le contentieux récurrent des créances entre époux

Par
Patrice HILT
Maître de Conférences à l'Université de Strasbourg
(EA n° 1351 FR Unistra-CNRS n° 3241)

1. Toute communauté conjugale emporte des mouvements de valeurs. La plupart d'entre eux s'opèrent entre le patrimoine propre d'un époux et la masse commune, de sorte à donner naissance à des récompenses dont le régime juridique est bien connu. Mais certains de ces mouvements s'opèrent également entre les patrimoines propres de chacun des époux[1], sans transiter par la communauté, ce qui explique qu'on ne puisse, *a priori*, leur appliquer le droit des récompenses. Ces créances entre époux sont alors soumises au droit commun des obligations, à l'instar de toute autre créance[2].

2. Pendant longtemps, les créances conjugales donnaient lieu à un contentieux plutôt discret, lequel a pris de l'ampleur depuis quelques années, ce dont témoigne la jurisprudence la plus récente de la Cour de cassation[3]. Il est vrai qu'à l'instar des récompenses, les créances

---

[1] Le transfert de valeurs doit s'être opéré impérativement entre les patrimoines propres des époux. En conséquence, une créance sur l'indivision ne constitue pas une créance entre époux. En ce sens : Cass. 1ère Civ., 14 octobre 2009, n° 08.17-943, AJ fam. 2010, p. 90, obs. P. Hilt. En somme, la valeur doit avoir été transférée pendant le mariage, ni avant sa célébration, ni après sa dissolution. Cette règle, qui semble pourtant évidente, est parfois remise en cause par certains auteurs qui soutiennent que les créances nées *avant* le mariage entre les futurs époux doivent être assimilées à de véritables créances entre époux (notamment : Y. Flour et J. Pansier, *Questions pratiques*, Defrénois 1998, art. 36883, n° 3 ; J. Flour et G. Champenois, *Les régimes matrimoniaux*, Armand Colin, 2ème éd. 2001, n° 678, note 3, p. 627. *Contra* : S. David et A. Jault, *Liquidation des régimes matrimoniaux*, Dalloz références 2016/2017, n° 114.13, p. 138).

[2] Sur le régime juridique applicable aux créances entre époux, voir notamment : A. Emane, *Les créances entre époux*, JCP N 1994, doctr. p. 309 s ; A. Karm, *Les mutations des créances entre époux*, in *Mélanges G. Champenois*, Defrénois, 2012, p. 453 ; P. Hilt, *Les créances au sein des couples : des créances ordinaires ?*, AJ fam. 2006, p. 231.

[3] Notamment : Cass. 1ère civ., 4 mars 2015, n° 14-10.660 (sur la possibilité de déroger aux règles légales applicables aux créances entre époux), AJ fam. 2015, p. 233, obs. P. Hilt et RTD civ. 2015, p. 690, obs. B. Vareille ; Cass. 1ère civ.,

entre époux représentent souvent des sommes dont l'importance alimente la mésentente entre les époux et creuse leur conflit. Quelquefois, ce dernier se cristallise autour de la qualification même de *créance entre époux*, le débiteur refusant de rembourser la somme qui lui a été avancée au prétexte qu'elle lui aurait été remise par son conjoint à titre gratuit ou encore que le paiement réalisé par ce dernier correspond ni plus ni moins à l'exécution de son obligation de contribuer aux charges du mariage[4]. Mais, la plupart du temps, le conflit se concentre autour de la question du règlement de la créance. À cet égard, la jurisprudence nous livre d'intéressantes précisions relatives non seulement au moment auquel le recouvrement de la créance peut être réclamé par l'époux créancier (I), mais également au montant que l'époux débiteur doit rembourser (II).

I. Le moment du remboursement

3. Sur ce terrain, la créance entre époux a été analysée pendant très longtemps comme une créance ordinaire. Aussi avait-il été décidé que l'époux créancier puisse réclamer à son conjoint le remboursement de la somme qu'il lui a avancée à tout moment, même pendant le mariage (A), et qu'il avait, en tout état de cause, cinq années pour le faire (B). Ces solutions sont toujours en vigueur. Elles ont cependant été retouchées par plusieurs décisions rendues par la Cour de cassation.

A. À tout moment

4. En dépit du libellé assez trompeur de l'article 1478 du Code civil[5], il a toujours été admis que le recouvrement d'une créance entre époux

---

23 septembre 2015, n° 14-15.428 (sur la question des intérêts produits par les créances entre époux), AJ fam. 2015, p. 621, obs. P. Hilt et RTD civ. 2015, n° 4, p. 928, note B. Vareille ; Cass. 1ère civ., 4 novembre 2015, n° 14-11.845 (sur la notion de créance entre époux), AJ fam. 2015, p. 691, obs. P. Hilt ; Cass. 1ère civ., 2 décembre 2015, n° 14-25.756 (sur le délai de prescription de l'action en recouvrement d'une créance entre époux), AJ fam. 2016, p. 60, obs. P. Hilt et Dr. fam. 2016, n° 2, p. 23 note B. Beignier.

[4] Sur ces questions, voir : S. David, *Les créances entre époux séparés de bien : une neutralisation échevelée ou maîtrisée*, AJ fam. 2015, p. 452 ; A. Karm, *Vers un renouveau des créances conjugales ?*, JCP N 2015, n° 49, 1226 ; X. Guédé et F. Letellier, *Les créances conjugales : qualification, disqualification et compensation*, JCP N 2015, n° 1150, p. 23.

[5] Ce texte, qui traite des créances entre époux, emploi l'expression « *après le partage consommé* », ce qui laisse entendre que le remboursement d'une telle

puisse être poursuivi pendant le mariage[6]. Nul besoin, pour l'époux créancier, d'attendre la liquidation du régime. Cette solution se justifie pleinement : sur un plan juridique, les créances entre époux ne sont pas des éléments d'un compte, à l'inverse des récompenses ou encore des créances d'indivision. Chaque créance conserve donc son individualité propre, de sorte à pouvoir donner lieu à un règlement isolé, à tout moment[7].

5. Pour autant, force est de reconnaître que rares sont les créances entre époux dont le remboursement est réclamé pendant l'union. Généralement, l'époux créancier réclame la restitution de ce qui lui est dû au moment de la liquidation des intérêts patrimoniaux du couple. Cela explique que, dans les faits, les créances entre époux se retrouvent très souvent intégrées par le notaire dans un compte spécifique au moment de la liquidation du régime. Mais il ne s'agit pas là d'un véritable compte au sens juridique du terme, mais d'un simple inventaire des créances et des dettes réciproques des époux, avec une possible compensation entre elles, voire avec la balance d'un compte d'indivision ou encore la soulte éventuellement due par l'un des époux au titre du partage de la communauté[8].

6. Pouvoir réclamer le remboursement d'une créance conjugale à tout moment comporte toutefois une importante limite lorsqu'une procédure de divorce est engagée. Selon la Cour de cassation, dans l'hypothèse d'un divorce, la liquidation des intérêts patrimoniaux des époux englobe *tous* leurs rapports pécuniaires, y compris ceux résultant de créances entre eux[9]. Cette solution semble refléter la

---

créance ne puisse être réclamé qu'après la liquidation du régime, ce à quoi se refusent tant la jurisprudence que la doctrine.

[6] Voir, p.e. : D. Martin, J.-Cl. civil, art. 1478 à 1481, Fasc. 70, n° 26 ; F. Terré et Ph. Simler, *Droit civil. Les régimes matrimoniaux*, Dalloz, 7ème éd. 2015, n° 649 s., p. 504.

[7] En ce sens : S. David et A. Jault, *Liquidation des régimes matrimoniaux*, Dalloz référence 2016/2017, n° 114.31, p. 146.

[8] En effet, il ne s'agit là que d'un simple compte arithmétique, inventoriant les créances et les dettes réciproques des époux. Cette pratique notariale existe depuis bien longtemps. V. M. Planiol et G. Ripert, *Traité pratique de droit civil français, t. IX, Les régimes matrimoniaux*, LGDJ, 2ème éd. par J. Boulanger, 1960, n° 1071.

[9] Cass. 1ère civ., 28 novembre 2000, n° 98-13.405, Bull. civ. n° 306 ; Defrénois 2002, art. 37508, n° 21, obs. G. Champenois. Dans le même sens : Cass. 1ère civ., 11 décembre 2001, n° 99-21.851, Defrénois 2002, art. 37508, p. 401, obs. G. Champenois ; Paris, 28 janvier 2005, AJ fam. 2005, p. 148, obs. P. Hilt ; Cass.

volonté du législateur selon laquelle les effets patrimoniaux du divorce ne doivent pas se disperser dans le temps mais, au contraire, se concentrer au même moment, à savoir celui de la liquidation du régime matrimonial des époux. Elle induit indubitablement plusieurs conséquences. Tout d'abord, pendant une instance en divorce, l'époux créancier ne peut plus intenter une action distincte contre son conjoint visant à obtenir le remboursement de la somme qu'il lui a avancée. Ensuite, lorsque le divorce est passé en force de chose jugée, toute action en recouvrement intentée dans le cadre d'une procédure distincte des opérations liquidatives du régime matrimonial doit être déclarée irrecevable.

7. Cette solution ne vaut cependant que dans le cadre d'une instance en divorce. En dehors d'une telle procédure, le remboursement d'une créance conjugale peut être réclamé bien après la dissolution du régime, tant que le délai de prescription de droit commun n'est pas écoulé.

B. Pendant cinq années

8. Le droit commun de la prescription s'applique aux créances entre époux. En conséquence, les créances que peuvent se devoir réciproquement deux époux s'éteignent au bout de cinq années, conformément à l'article 2224 du Code civil[10]. Bien évidemment, ce délai quinquennal est suspendu entre époux[11], ce dont il résulte que toute prescription extinctive ne commence à courir que du jour où leur mariage a été définitivement dissous.

1ère civ., 22 mai 2007, n° 05-12.017, AJ fam. 2007, p. 360, obs. P. Hilt. Certes, la solution rendue par la Cour de cassation le 28 novembre 2000 reposait sur le visa de l'article 264-1 du Code civil, lequel a été abrogé par la loi n° 2004-439 du 26 mai 2004 portant réforme du divorce. Toutefois, elle est toujours d'actualité car l'article 267 du Code civil, modifié par la loi n° 2004-439 du 26 mai 2004 portant réforme du divorce puis par l'ordonnance n° 2015-1288 du 15 octobre 2015 portant simplification et modernisation du droit de la famille continue à faire du juge du divorce le juge du règlement de l'*ensemble* des intérêts patrimoniaux des époux.

[10] E. Buat-Ménard, *La prescription des créances dans le couple*, AJ fam. 2015, p. 461.

[11] Art. 2236 C. civ.

9. Une nouvelle fois, un tempérament a été posé à ces règles par la Cour de cassation dans le cadre particulier de la participation aux acquêts. En effet, dans une espèce qui lui a été soumise le 2 décembre 2015, il s'agissait de savoir à quel délai de prescription extinctive était soumise une créance que détenait un époux sur son conjoint avec lequel il était marié sous le régime de la participation aux acquêts. La question présentait un intérêt dans la mesure où, dans le cadre de la participation aux acquêts, un délai de prescription spécial est posé par l'article 1578, alinéa 4 du Code civil. Selon ce texte, l'action en liquidation de la créance de participation se prescrit par trois ans à compter de la dissolution du régime matrimonial. Bien évidemment, le mari soutenait que la créance dont il souhaitait obtenir le remboursement n'était pas soumise à ce délai spécifique mais au délai quinquennal de droit commun[12]. Il n'a pas été entendu par la Cour de cassation qui décida que l'action en paiement des créances entre époux « *participe de la liquidation du régime matrimonial* » de participation aux acquêts[13]. En conséquence, elle est soumise au même délai de prescription que l'action en liquidation, à savoir celui fixé par l'art. 1578, al. 4, C. civ. Cette solution trouve assurément une assise textuelle en l'art. 1575, al. 3, C. civ. qui dispose expressément qu'à la créance de participation « *on ajoute, pour les soumettre au*

---

[12] Observons que, dans cette espèce, la qualification de créance entre époux pouvait apparaître excessive dans la mesure où la dépense réalisée par le mari concernait non un bien personnel à son épouse mais un bien indivis. Il s'agissait donc plutôt d'une créance contre l'indivision, et non envers son conjoint.

[13] Cass. 1ère civ., 2 décembre 2015, n° 14-25.756, AJ fam. 2016, p. 60, obs. P. Hilt ; Dr. fam. 2016, n° 2, p. 23, note B. Beignier ; RJPF 2016, n° 2, p. 22-25, obs. E. Supiot ; Lamy droit civil 2016, n° 134, p. 49, obs. M. Desolneux. Voir aussi : J. Casey, *De la prescription des créances entre époux en participation aux acquêts... et ailleurs*, Lexbase *La lettre juridique* n° 638 du 8 janvier 2016. Selon cet auteur, en affirmant que la liquidation des créances entre époux « *participe* » de la liquidation du régime matrimonial, la solution rendue par la Cour de cassation semble dépasser le cadre étroit de la seule participation aux acquêts. En effet, eu égard à la généralité des termes employés, la Cour de cassation semble indiquer que la liquidation des créances entre époux participe de la liquidation de n'importe quel régime matrimonial, et non pas uniquement de celle du régime de la participation aux acquêts. Dans quel but ? Selon l'auteur, l'objectif recherché par la Haute juridiction pourrait bien être de vouloir « *concentrer au maximum les règlements pécuniaires à l'occasion d'un divorce* » et « *éviter ainsi la dispersion du contentieux* ». Cette lecture de l'arrêt rendu le 2 décembre 2015 dépasse alors les termes du pourvoi dont a été saisi la première Chambre civile. Pour cette raison, la prudence impose d'attendre une confirmation, ce que reconnaît l'auteur.

même règlement, les sommes dont l'époux peut être d'ailleurs créancier envers son conjoint (…) »[14]. Ainsi, les autres créances qu'un époux marié sous le régime de la participation aux acquêts peut avoir contre son conjoint sont donc ajoutées au montant de sa créance de participation pour être soumises à un règlement unique. Or ce règlement, s'il n'est pas spontané, peut être obtenu en justice en exerçant une action en liquidation de la créance de participation, laquelle se prescrit, non par cinq ans, mais par trois ans à compter de la dissolution du régime matrimonial (art. 1578, al. 4, C. civ.). On peut simplement regretter qu'une différence de traitement ait ainsi été consacrée entre, d'un côté, l'époux créancier marié sous le régime de la participation aux acquêts auquel une prescription de trois ans est appliquée et, de l'autre côté, l'époux créancier marié sous un autre régime auquel on applique une prescription quinquennale.

10. Mais qu'il soit marié sous tel ou tel régime, l'époux qui réclame dans les délais le remboursement des deniers qu'il a avancés à son conjoint se heurte presque toujours à des contestations relatives au montant de la somme à rembourser.

II. Le montant du remboursement

11. Comme toute créance, celle entre époux est toujours composée d'un capital (A) auquel peuvent venir s'ajouter des intérêts (B). Ces deux composantes doivent pouvoir être chiffrées avec justesse au moment du règlement, ce qui n'est pas toujours aisé à réaliser.

A. L'évaluation du capital

12. Jusqu'à la loi n°85-1372 du 23 décembre 1985 relative à l'égalité des époux dans les régimes matrimoniaux[15], les créances entre époux

---

[14] Art. 1575, al. 3, C. civ. Voir notamment : E. Naudin, *La participation aux acquêts*; JCP N, 2015, 1125,

[15] Pour un commentaire de cette loi : A. Colomer et G. Champenois, *La loi du 23 décembre 1985 relative à l'égalité des époux dans les régimes matrimoniaux (loi n° 85-1372 du 23 décembre 1985)*, Defrénois 1986, art. 33793, p. 1061 ; M. Grimaldi, *Commentaire de la loi du 23 décembre 1985*, Gaz. Pal., 1986, 2, doctr. p. 529.

étaient soumises au principe du nominalisme monétaire posé par le droit commun des obligations[16]. Il en découlait qu'au moment du règlement, l'époux créancier ne pouvait jamais réclamer que le seul montant nominal de la dépense qu'il avait faite. La règle pouvait apparaître sévère dans la mesure où elle ne prenait aucunement en considération l'éventualité d'une dépréciation monétaire survenue entre la naissance de la créance et la date de son remboursement. Elle présentait toutefois le mérite de ne susciter aucune difficulté d'application et, par conséquent, aucun contentieux.

13. En 1985, le législateur, poussé par les notaires, a cru bon d'intervenir pour modifier cette règle au nom d'une plus grande équité entre les époux. En effet, considérant qu'il était parfaitement injuste que l'époux qui a eu la bonté d'avancer des deniers propres à son conjoint puisse subir les désagréments d'une dépréciation monétaire, la loi du 23 décembre 1985 a fait des créances entre époux de véritables dettes de valeurs qui, désormais, doivent s'évaluer en fonction du profit subsistant, à l'instar des récompenses. L'article 1479, al. 2, du Code civil a ainsi été réécrit[17], de façon quelque peu maladroite. En effet, ce texte dispose que les créances entre époux sont évaluées, sauf convention contraire, « *selon les règles de l'article 1469, troisième alinéa* ». Le seul renvoi au dernier alinéa de l'article 1469 du Code civil a immédiatement suscité des questionnements[18].

14. Tout d'abord, on s'est posé la question de savoir si la nouvelle règle d'évaluation des créances entre époux pouvait s'appliquer au sein de tous les couples mariés, quel que soit leur régime matrimonial. Le doute est permis. En effet, cette loi a prévu expressément la

---

[16] Article 1895 du Code civil.

[17] Ce texte vise les créances entre époux mariés sous un régime de communauté. La loi n° 85-1372 du 23 décembre 1985 a également modifié l'article 1543 du Code civil qui, quant à lui, concerne les créances entre époux séparés de biens. Mais les deux nouvelles dispositions posent désormais la même règle : celle d'une réévaluation de la créance en fonction du profit subsistant.

[18] Ce renvoi s'est également accompagné de certitudes. Ainsi, il est absolument certain que seules les créances d'investissement peuvent profiter de la règle du profit subsistant. En revanche, les créances ordinaires entre époux restent soumises au principe du nominalisme monétaire. En ce sens : S. David et A. Jault, *Liquidation des régimes matrimoniaux*, Dalloz référence 2016/2017, n° 114.23, p. 144 ; J. Flour et G. Champenois, *Les régimes matrimoniaux*, Armand Colin, 2ème éd. 2001, p. 629, note 1.

revalorisation des créances conjugales dans le régime de la communauté (art. 1479, al. 2, C. civ.) et dans celui de la séparation de biens (art. 1543 C. civ. qui renvoie à l'art. 1479, al. 2, C. civ.). En revanche, aucune disposition analogue n'a été introduite dans la partie du Code civil relative à la participation aux acquêts[19]. Deux analyses sont alors possibles. D'une part, on peut considérer qu'à défaut de disposition expresse, la règle du profit subsistant n'est pas applicable aux créances détenues entre époux en participation aux acquêts. L'exclusion de la règle de revalorisation ne devrait cependant pas leur porter grandement préjudice car, dans ce régime, l'époux créancier bénéficie très souvent des plus-values réalisées par son conjoint. Toute revalorisation semble alors inutile[20]. D'autre part, on peut aussi soutenir que la règle du profit subsistant posée par le législateur à l'endroit des créances entre époux est également applicable dans le régime de la participation aux acquêts, en mettant un avant la lettre ainsi que l'esprit de la loi du 23 décembre 1985. En effet, cette loi, en son article 59, énonce très clairement que les nouvelles règles relatives aux dettes entre époux « *seront applicables dans tous les régimes matrimoniaux non encore liquidés à la date de l'entrée en vigueur de la présente loi* ». Bien qu'il s'agisse là d'une disposition transitoire, elle montre, sans équivoque, que le législateur a entendu valoriser les créances entre tous les époux, quel que soit leur régime matrimonial. À cela, il faut ajouter que l'art. 1543 C. civ., qui prévoit expressément la revalorisation des créances dans le régime de la séparation de biens, doit également s'appliquer à la participation aux acquêts puisque, pendant le mariage, ce régime fonctionne comme une séparation de biens. Il serait alors incohérent voire discriminant d'appliquer cette

---

[19] Pourtant, depuis la loi n° 65-570 du 13 juillet 1965 portant réforme du droit des régimes matrimoniaux, un article intégré dans cette partie du Code civil est bel et bien consacré aux créances entre époux. Il s'agit de l'article 1575, al. 4, du Code civil qui vise expressément la « *somme dont l'époux peut être créancier envers son conjoint* (…) » pour finalement la soumettre « *au même règlement* » que celui qui entoure la créance de participation.

[20] Et dans les rares hypothèses dans lesquelles l'époux créancier n'est pas en mesure de profiter des plus-values réalisées par son conjoint (tel est le cas, par exemple, lorsque le patrimoine final de l'époux prêteur est déficitaire ou encore lorsque les deniers prêtés procèdent de l'actif originaire de l'époux prêteur), il lui sera toujours possible d'invoquer l'article 1579 du Code civil qui autorise le juge, au nom de l'équité, à déroger aux règles d'évaluation prévues par les articles 1571 et 1574 du Code civil.

revalorisation aux créances remboursées en cours d'union, et la refuser à celles qui ne seraient réglées qu'au moment de la liquidation de la participation aux acquêts.

15. Ensuite, l'article 1469, al. 3, du Code civil ne vise que les biens acquis, conservé ou amélioré qui se retrouvent dans le patrimoine emprunteur « *au jour de la liquidation* ». Légitimement, on s'est alors posé la question de savoir si la règle du profit subsistant pouvait également profiter à la créance qu'un époux a pu rembourser à son conjoint durant leur mariage, étant entendu que le règlement d'une créance entre époux peut être poursuivi à tout moment, même pendant l'union, dès lors qu'elle est exigible[21]. Le législateur semble ne pas l'avoir souhaité. En effet, lors des travaux parlementaires qui ont entouré la loi du 23 décembre 1985, le Garde des Sceaux de l'époque, M. Badinter, avait affirmé sans ambages que « *les règles de l'article 1469, al. 3, du Code civil sont applicables aux créances entre époux dans le cas où il y a un droit à récompense après la dissolution de la communauté. C'est ce que prévoit l'article 1479, al. 2, du Code civil aux termes du projet de loi. Les créances entre époux ne peuvent donc faire l'objet d'une revalorisation qu'après la dissolution du mariage !* »[22]. Cette position n'a cependant pas été suivie par la doctrine qui considère, à l'inverse, que les créances entre époux réglées pendant le mariage doivent, elles aussi, être réévaluées selon la règle du profit subsistant. En substance, pareille solution serait imposée par le bon sens dans la mesure où il n'est jamais bon de faire varier le montant d'une créance en fonction du moment où son remboursement est réclamé[23]. Il n'est donc pas possible de déduire de la lecture de l'article 1469, al. 3, du Code civil l'exclusion des créances conjugales réglées durant le mariage du champ d'application de la règle du profit subsistant. La lettre du texte semble ainsi être en

---

[21] Sur ce point, la créance entre époux se distingue de la récompense dans la mesure où le règlement de cette dernière ne peut être réclamé qu'au moment de la liquidation des intérêts patrimoniaux des époux.

[22] JO, déb. Parl. Ass. Nat., 7 mai 1985, p. 590.

[23] Par exemple : I. Dauriac, *Droit des régimes matrimoniaux et du pacs*, LGDJ, 4ème éd., 2015, n° 583, p. 316-317 ; J. Flour et G. Champenois, *Les régimes matrimoniaux*, Armand Colin, 2ème éd. 2001, p. 629-630, note 3 ; M. Grimaldi, *Commentaire de la loi du 23 décembre 1985*, Gaz. Pal. 1986, 2, doctr. P. 529 s., n° 108.

contradiction avec l'esprit qui a présidé son écriture. À notre connaissance, le débat n'a pas encore été tranché par la jurisprudence.

16. Enfin, l'article 1469, al. 3, du Code civil ne semble envisager que l'hypothèse dans laquelle le profit subsistant dont bénéficie l'époux débiteur est supérieur au montant nominal de la dépense faite par son conjoint. La question s'est alors posée de savoir à quelle hauteur doit être évaluée la créance lorsque le profit subsistant est d'un montant inférieur à la dépense faite, ce qui peut arriver, notamment en période de récession économique. Pour les récompenses, la solution résulte expressément de l'article 1469, al. 1 et 2, du Code civil[24]. Il est cependant impossible de l'étendre aux créances entre époux puisque l'article 1479, al. 2, du Code civil ne renvoie pas à ces dispositions. Que décider ? Bien évidemment, il est possible de soutenir que la créance entre époux doit toujours être évaluée en fonction du profit subsistant. Aussi, si ce dernier est inexistant, la somme à rembourser sera égale à la moins-value, laquelle devra ainsi être supportée par l'époux créancier. Mais pareille analyse peut ne pas satisfaire entièrement, précisément lorsqu'on prend en considération l'objectif d'équité poursuivi par le législateur de 1985. Est-ce équitable de toujours faire supporter la moins-value à l'époux créancier qui est venu en aide à son conjoint[25] ? Est-ce équitable qu'une moins-value

---

[24] Il découle de ces dispositions que l'époux créancier supporte la moins-value (art. 1469, al. 1er, C. civ.), sauf si la dépense faite a été nécessaire puisque, dans ce cas, il aura droit au montant nominal de la dépense faite (art. 1469, al. 2, C. civ.).

[25] Pour rétablir cette équité, certains auteurs ont proposé d'étendre aux créances entre époux les alinéas 1 et 2 de l'article 1469 du Code civil (e ce sens : A.-S. Brun-Wauthier, *Régimes matrimoniaux et régimes patrimoniaux des couples non mariés*, Larcier, coll. Paradigme, 5ème éd. 2015, n° 479, p. 269 ; I. Dauriac, *Droit des régimes matrimoniaux et du pacs*, LGDJ, 4ème éd. 2015, n° 584, p. 317 ; M. Grimaldi (sous la dir. de), *Droit patrimonial de la famille*, Dalloz action, 2014/2015, n° 144.184, p. 279). Cette proposition n'est pas si incongrue que l'on pourrait le penser de prime abord : fondamentalement, l'intention du législateur de 1985 a été tout d'abord d'aligner les règles d'évaluation des créances entre époux sur celui des récompenses. Cela ne semble faire aucun doute : lors des discussions qui ont entouré l'élaboration de la loi du 23 décembre 1985, le rapporteur Mme Cacheux indiquait que « *le projet de loi* (…) *tend à traiter dans les mêmes conditions les créances qu'un époux peut avoir à l'encontre de son conjoint et celles qu'il peut avoir contre la communauté* » (Doc. Ass. nat., n° 2646, p. 42). Dans ce contexte, le renvoi au seul alinéa 3 de l'article 1469 du Code civil apparaît alors comme une simple maladresse. D'ailleurs, pareille extension a déjà été réalisée par le législateur au profit des partenaires liés par un pacte civil de solidarité puisque l'article 515-7,

produise des effets différents selon que la somme en jeu s'analyse en une récompense ou en une créance entre époux ? Finalement, l'esprit de la loi semble commander qu'en toute hypothèse, l'époux créancier ait droit au minimum au montant nominal de la dépense faite. C'est finalement cette solution qui a été retenue par la première Chambre civile de la Cour de cassation dans un arrêt très remarqué rendu le 24 septembre 2008[26].

17. Les choses semblent donc réglées, tout le moins en ce qui concerne l'évaluation du capital à rembourser. Car de nouvelles interrogations surgissent lorsqu'il s'agit de déterminer les intérêts que ce capital a pu faire produire.

B. Le calcul des intérêts

18. La question des intérêts qu'une créance entre époux peut produire est envisagée à l'article 1479, al. 2 *in fine*, du Code civil qui dispose expressément que, « *dans les cas prévus* [par l'article 1469, al. 3, du Code civil], *les intérêts courent alors du jour de la liquidation* ». Cette formule suscite deux interrogations. Dans un premier temps, il s'agit de savoir si toute créance entre époux est susceptible de produire des intérêts. Tel devrait être le cas, par application des principes posés par le droit commun des obligations. Pourtant, le libellé de l'article 1479, al. 2 *in fine*, du Code civil laisse entendre qu'une créance entre époux ne peut produire des intérêts qu'à la condition *sine qua non* que le régime matrimonial des époux ait déjà été liquidé. Une liquidation des intérêts patrimoniaux des époux semble indispensable, de sorte qu'une créance dont le remboursement est réclamé par l'un des époux à son conjoint pendant le mariage ne puisse produire aucun intérêt. La lettre du texte semble aller dans ce

---

alinéa 11, du Code civil opère un renvoi, s'agissant des créances entre eux, à l'article 1469 du Code civil pris dans son intégralité. Et il est douteux que le législateur ait voulu soumettre les créances entre partenaires à un régime plus favorable que celui appliqué aux créances entre époux.

[26] Cass. 1ère civ., 24 septembre 2008, n° 07-09.710, AJ fam. 2008, p. 437, obs. P. Hilt ; RTD civ. 2009, p. 162, obs. B. Vareille ; D. 2008, p. 3050 s., note V. Barabé-Bouchard ; Dr. fam. 2008, n° 12, p. 31, note B. Beignier et T. Douville ; JCP G 2008, I, 202, n° 18, obs. M. Storck. Cette solution présente toutefois l'inconvénient de doter les créances entre époux d'un régime juridique plus favorable que celui applicable aux récompenses.

sens. En revanche, son esprit s'en éloigne une nouvelle fois dans la mesure où il serait parfaitement inéquitable de traiter différemment une créance entre époux au seul prétexte que son recouvrement ait été demandé au cours du mariage. Pour l'heure, la jurisprudence n'a pas encore eu à traiter de cette problématique.

19. Dans un second temps, il s'agit également de déterminer le *dies a quo* à partir duquel une créance entre époux fait produire des intérêts. Là encore, la réponse est donnée à l'article 1479, al. 2 *in fine*, du Code civil. Selon ce texte, le *dies a quo* est fixé au jour de la liquidation, mais uniquement « *dans les cas prévus* [par l'article 1469, al. 3, du Code civil] ». Une nouvelle distinction doit donc être opérée : lorsque la créance ne relève pas d'un des cas prévus à l'article 1469, al. 3, du Code civil, le point de départ des intérêts est fixé par le droit commun des obligations, à savoir du jour de la sommation ou de tout acte équivalent[27] ; en revanche, lorsque la créance entre époux relève d'un des cas prévus par l'article 1469, al. 3, du Code civil, elle produit des intérêts du jour de la liquidation[28]. Tel sera le cas des dépenses d'investissement, c'est-à-dire celles qui ont permis à l'époux-débiteur d'acquérir, de conserver ou d'améliorer un bien. L'application de cette règle ne suscite aucune difficulté particulière lorsque le bien acquis, conservé ou amélioré par l'époux-débiteur se retrouve dans son patrimoine au jour de la liquidation. Mais que décider si ce bien ne s'y retrouve plus à cette date, notamment parce qu'il a été déjà été aliéné. Selon la Cour de cassation, dans pareille hypothèse, les intérêts commencent à courir du jour de l'aliénation[29].

---

[27] Art. 1153, al. 3, C. civ.

[28] Cette règle se comprend aisément puisque, avant cette date, le montant définitif de la créance n'est pas encore connu. De plus, elle s'explique également par le fait que le législateur n'ait pas voulu, comme en matière de récompenses (art. 1473, al. 1er C. civ.) faire peser une charge trop lourde sur le débiteur et éviter ainsi à ce qu'il ait à supporter, outre une revalorisation de sa dette, d'importants intérêts.

[29] Cass. 1ère civ., 23 septembre 2015, n° 14-15.428, AJ fam. 2015, p. 621, obs. P. Hilt et RTD civ. 2015, n° 4, p. 928, note B. Vareille.

Conclusion

20. Une analyse fine du contentieux relatif aux créances entre époux met en lumière deux réalités. D'une part, la simplicité du régime juridique applicable aux créances conjugales est largement trompeuse. La complexité des règles qui leurs sont applicables s'explique non seulement par l'application cumulative de dispositions issues tant du droit commun des obligations que du droit des régimes matrimoniaux, mais également par les interprétations souvent audacieuses qu'en font les juridictions.

21. D'autre part, la recherche d'une certaine équité entre les époux, qui avait été mise en avant par le législateur de 1985, est aujourd'hui ignorée. En témoignent les nombreuses distinctions qui ont été introduites dans le droit applicable aux créances entre époux : distinction entre les créances d'investissement et les créances ordinaires, entre les créances réglées pendant le mariage et celles remboursées au moment de la liquidation du régime, entre les créances dont les intérêts courent du jour de la sommation et celles dont les intérêts courent du jour de la liquidation du régime voire de l'aliénation du bien, entre les créances dont le remboursement est réclamé en dehors de toute procédure de divorce et celles dont le remboursement est réclamé entre époux divorcés, ou encore entre les créances dont le recouvrement se prescrit au bout de cinq ans et celles dont le règlement ne peut être réclamé que pendant trois ans.

22. À cela s'ajoute des incohérences beaucoup plus conceptuelles telle celle, par exemple, qui consiste à ne jamais faire supporter la moins-value à l'époux-créancier, ce qui conduit à doter les créances entre époux d'un régime plus favorable que celui des récompenses, ou encore celle qui différencie les règles applicables aux créances entre époux de celles applicables aux créances entre partenaires liés par un pacte civil de solidarité.

23. Vraiment, il est grand temps de repenser le régime juridique applicable aux créances entre époux !

Les compétences liquidatives du Juge aux affaires familiales

Par
Delphine DURAND et Nathalie GASTALDI
Juges aux affaires familiales au TGI de Nice

1. Il nous est apparu opportun au stade de l'introduction de rappeler le cadre légal de l'intervention du Juge aux affaires familiales dans le cadre des liquidations, d'évoquer l'organisation pratique mise en place au sein du tribunal de grande instance de Nice sur cette question des liquidations et d'évacuer quelques points que nous n'aborderons plus par la suite.

2. La compétence juridictionnelle du Juge aux affaires familiales pour ce qui concerne les liquidations est désormais bien établie depuis la loi du 12 mai 2009 qui a donné compétence au Juge aux affaires familiales pour avoir à connaître de cette matière. L'article L. 213-3 du Code de l'organisation judiciaire dispose que le Juge aux affaires familiales connaît « *1/ de l'homologation judiciaire du changement de régime matrimonial, des demandes relatives au fonctionnement des régimes matrimoniaux et des indivisions entre personnes liées par un pacte civil de solidarité ou entre concubins, de la séparation de biens judiciaire.... 2/ du divorce, de la séparation de corps et de leurs conséquences, de la liquidation et du partage des intérêts patrimoniaux des époux, des personnes liées par un pacte civil de solidarité et des concubins sauf en cas de décès ou de déclaration d'absence* ».
Cet article est applicable à compter du 1er janvier 2010. Toutes les assignations antérieurement enrôlées au sein du Tribunal de grande instance de Nice ne relèvent donc pas du Juge aux affaires familiales mais de la troisième chambre civile, par ailleurs en charge des successions et des indivisions notamment. Il reste donc encore quelques dossiers soumis aux magistrats de la troisième chambre. Néanmoins, cette compétence n'est que résiduelle et les évolutions récentes tant jurisprudentielles que législatives tendent nettement à dire que le Juge aux affaires familiales est le juge naturel des liquidations-partage des régimes matrimoniaux et des indivisions conjugales.

3. Au sein de la chambre de la famille du TGI de Nice, il a été fait le choix d'une véritable verticalisation : le même magistrat (ou en tous cas le même cabinet) ayant à connaître d'une affaire de la requête en divorce jusqu'au prononcé du divorce lui-même puis d'une éventuelle liquidation judiciaire. Dans d'autres tribunaux, c'est un choix inverse qui a été fait, celui de spécialiser un ou plusieurs magistrats au sein de la chambre de la famille, en espérant pouvoir favoriser la qualité du suivi des dossiers et des relations avec les partenaires. À Nice, nous avons tenté d'harmoniser nos pratiques depuis près de 2 ans et nous trouvons un réel intérêt à la matière qui apparaît plus technique et même plus dynamique qu'une partie du contentieux dit de masse du Juge aux affaires familiales. Cela paraît également avoir un sens au niveau de la procédure elle-même, notamment pour pouvoir anticiper l'ensemble des enjeux qui peuvent se poser dès l'ONC (la question de la jouissance du domicile conjugal à titre onéreux ou à titre gratuit par exemple, le devoir de secours, le fondement des récompenses...). Il est donc important à tout moment de la procédure d'avoir une vision plus globale pour éviter les situations de blocage ou la création de nouvelles difficultés juridiques encore plus complexes à résoudre par la suite.
Cet aspect des choses est d'ailleurs tout à fait conforme à l'esprit de la dernière loi, qui envisage une procédure de liquidation dans la continuité directe de celle du divorce.

4. Le cas particulier du divorce par consentement mutuel. Selon l'article 1091 du Code de procédure civile, la requête en divorce par consentement mutuel comprend, à peine d'irrecevabilité, une convention annexe *« portant règlement complet des effets du divorce »*. Le juge ne l'homologue et ne prononce le divorce que s'il estime que les intérêts des époux et de leurs enfants sont suffisamment préservés.
Il appartient donc au Juge aux affaires familiales à ce stade de contrôler l'intégralité de la liquidation et du règlement des intérêts pécuniaires et patrimoniaux des époux.
Dans le cadre de son contrôle, le juge vérifie le caractère complet de la liquidation proposée, et, précision nécessaire, y compris lorsque les époux étaient en régime de séparation de biens : ce n'est pas parce qu'il n'y a rien à partager qu'il n'y a rien à liquider, car liquider c'est faire les comptes entre les parties. La mention selon laquelle il n'y a

rien à liquider doit donc être limitée aux cas dans lesquels il n'y aucun compte à faire entre les parties. Il faut donc veiller la plupart du temps à indiquer dans les conventions que les époux s'estiment quittes de tous comptes.
Le partage nécessitera pas ailleurs un acte notarié dès lors qu'un bien immobilier a été acquis par les deux époux pendant l'union.
Si un acte notarié n'est pas exigé pour les biens immobiliers détenus via une SCI, il faudra tout de même liquider les parts détenues par chacun dans la SCI en prévoyant expressément une attribution des parts, numérotées, à chacun.
Par ailleurs, autre précision, tout doit être liquidé au jour du prononcé du divorce, (donc au jour de la comparution des époux devant le juge, puisque le jugement est prononcé sur le siège). Il n'est donc pas possible de prévoir certaines mentions que l'on peut lire dans les conventions comme *« les comptes communs seront clôturés dans le mois du prononcé du divorce, leur solde partagé par moitié entre les époux »*.
En tout état de cause, ce que le Juge aux affaires familiales contrôle, ce n'est non pas tant que le partage soit égalitaire, mais que toutes les informations aient été données aux époux et qu'ils aient donc trouvé un accord, même inégalitaire mais en connaissance de cause de leurs droits.

5. Si on exclut cette parenthèse sur les pouvoirs du Juge aux affaires familiales dans le cadre des divorces par consentement mutuel, reste qu'il n'existe aucun texte spécifique aux pouvoirs dévolus au juge dans le cadre des liquidations, hormis celui que nous avons rappelé issu du Code de l'organisation judiciaire et les articles 267 et suivants du Code civil qui relèvent du divorce. Pour le reste, il existe donc un renvoi aux règles classiques à savoir :
- une procédure contentieuse écrite, qui implique le respect d'une phase de mise en état, d'échanges de conclusions... pour lesquels nous renvoyons aux règles de procédure applicables devant le TGI ;
- sur le fond, la plupart des règles applicables relèvent des règles du partage successoral et de la gestion de l'indivision, sauf en ce qui concerne les règles relatives aux régimes matrimoniaux en eux-mêmes.

6. Il apparaît donc opportun de pouvoir retracer les pouvoirs liquidatifs du Juge aux affaires familiales dans ses deux aspects et ce sous forme d'éclairages pratiques. D'une part au stade de la procédure de liquidation-partage pure et simple (en tant que procédure autonome), pouvoirs qui n'ont pas été remis en cause par la récente réforme (I), et d'autre part, au stade du divorce, avec les évolutions de l'ordonnance de simplification du droit du 15 octobre 2015 entrée en vigueur le 1er janvier 2016 (II).

I. Les compétences liquidatives du JAF dans la procédure de liquidation-partage

7. Le JAF intervient pour les couples divorcés après échec du partage amiable ou pour les séparations des concubins ou partenaires pacsés. Dans ce cas, se posent alors les questions de la recevabilité de la demande en liquidation-partage (A), la détermination de la procédure de partage (B) et enfin la question récurrente en la matière de la preuve (C).

A. L'examen de la recevabilité de la demande en liquidation partage

8. Conformément à l'article 1360 du CPC, le demandeur doit à ce stade justifier de démarches amiables pour parvenir à un partage. En pratique, la Cour de cassation n'a pas décrit les modalités pratiques de ces démarches amiables. Un courrier avec RAR pourrait suffire avec proposition de règlement complet de la situation (sort des biens, comptes entre les parties...). À Nice, il est considéré qu'en présence d'un bien immobilier, une saisine d'un notaire, qui est de fait obligatoire en la matière, est un préalable indispensable. En tout état de cause, c'est une condition de recevabilité qui pourrait être soulevée d'office, notamment en l'absence de défendeur

B. La détermination de la procédure de partage

9. Dès l'assignation, les parties doivent indiquer ce qu'elles envisagent (procédure simple ou procédure complexe) de manière claire et précise au regard de leur situation. Bien souvent, la procédure complexe pourrait être évitée par une présentation et des justificatifs suffisamment précis. La procédure en partage est introduite par voie d'assignation ; deux situations peuvent alors se présenter.

1. La situation dite de partage simple

10. La procédure partage dit simple est applicable dans différentes hypothèses[30]. Tout d'abord, celle où le juge, après avoir statué sur les créances entre époux, les récompenses, indemnités d'occupation, ordonne le partage et renvoie le cas échéant les parties devant un notaire pour dresser l'acte conformément aux points tranchés dans le jugement et procéder aux éventuelles publications obligatoires. Le rôle du notaire s'arrête là, il n'est qu'instrumentaire.
Ensuite sont également visées les hypothèses dans lesquelles le juge ordonne la vente par licitation, lorsque les biens ne peuvent pas être facilement partagés ou attribués. Il convient de préciser à cet égard qu'il incombe aux parties d'apporter toutes les précisions nécessaires : acte d'achat avec références cadastrales du bien, justification de la valeur du bien, mise à prix.
Ce qui est certain, c'est qu'il n'est plus possible de désigner le Président de la Chambre des Notaires avec faculté de délégation, car cela n'est pas conforme aux règles légales. L'article 1364 alinéa 2 du CPC prévoit en effet que « *le notaire est choisi par les co-partageants et à défaut, par le Tribunal* ». Cela engendre d'ailleurs une perte de temps qu'il convient d'éviter et une incertitude durant le temps pendant lequel le Président est désigné mais n'a pas délégué sa mission.
Pour mémoire, si un tirage au sort doit être ordonné, celui-ci a lieu devant le notaire s'il en est désigné un, et, à défaut, le tirage au sort a lieu devant le Président du TGI ou son délégué.

2. La situation de partage dit complexe

11. Cette procédure de partage est applicable dans les cas où la complexité de la situation patrimoniale nécessite une préparation plus approfondie[31]. Le JAF désigne alors un notaire pour procéder aux opérations de partage et commet un juge pour les surveiller. Le notaire a pour mission de parvenir à établir un projet d'état liquidatif : Pour ce faire, il convoque les parties, leur demande la production de tout document utile, rendre compte au juge commis des difficultés rencontrées, peut le solliciter pour toute mesure permettant de faciliter

[30] Elle est régie par les articles 1361 et suivants du CPC.
[31] Elle est régie par les articles 1364 et suivants du CPC.

sa mission : demande de communications de pièces, etc.
Il peut s'adjoindre un sapiteur choisi d'un commun accord par les parties ou à défaut d'accord, désigné par le juge commis. Le notaire essaie de concilier les parties en vue de parvenir à un partage amiable. Il peut également solliciter du juge commis qu'il convoque les parties pour tenter, en sa présence, cette conciliation ; si elle n'aboutit pas, le juge renvoie les parties devant notaire, lequel établit un PV reprenant les dires des parties ainsi qu'un projet d'état liquidatif.

12. Le notaire désigné dispose dans ce cadre d'un délai impératif d'un an pour parvenir à dresser un état qui établit les comptes entre les parties, la masse partageable, les droits de chacun et la composition des lots. Ce délai peut être suspendu dans quatre cas :
- en cas de désignation d'un expert jusqu'à la remise du rapport,
- en cas d'adjudication jusqu'à la réalisation effective de celle-ci,
- en cas de demande de désignation d'une personne qualifiée pour représenter un héritier défaillant,
- en cas de tentative de conciliation devant le juge commis.

Le délai peut aussi faire l'objet d'une prorogation d'un an maximum accordée par le juge commis sur demande du notaire, ou sur demande d'un copartageant lorsqu'il est justifié de la complexité des opérations de partage[32].
Le JAF, juge commis, veille donc au bon déroulement des opérations de partage réalisées par le notaire et au respect du délai imparti à ce dernier.

13. Lorsque le notaire parvient à concilier les parties et à établir un acte de partage, les parties peuvent décider d'abandonner la procédure de partage judiciaire dès lors que les conditions prévues pour un partage amiable sont réunies[33]. Le notaire en informe alors le juge qui constate la clôture de la procédure.
À l'inverse, lorsque les parties ne parviennent pas à se mettre d'accord sur le projet de partage établi par le notaire, celui-ci transmet au juge commis un PV reprenant les dires des parties (c'est à ce stade qu'il faut alors penser, à la concentration des moyens[34]). Selon les conséquences et la complexité des désaccords, le JAF procède

[32] Art. 1370 CPC.
[33] Art. 824 C. civ.
[34] Art. 1378 CPC.

à l'homologation de l'état liquidatif ou renvoie les parties devant le notaire pour établir l'acte de partage. En tout état de cause, il n'y a pas plusieurs allers et retours entre le juge et le notaire et surtout établissement d'un seul PV.

3. L'enjeu de la preuve

14. Se pose à ce stade et dans la totalité des dossiers la question de la preuve, source de difficultés récurrentes dans le traitement de ce contentieux.
En pratique, il convient toujours de se rapporter aux règles traditionnelles de la procédure civile parce qu'il existe en la matière de nombreux dossiers qui aboutissent à des décisions de débouté sur le fondement de l'article 9 du code procédure civile qui dispose qu' « *il incombe à chaque partie de prouver conformément à la loi les faits nécessaires au succès de sa prétention* ».
Une partie ne peut pas considérer que ce qu'elle indique sera pris pour argent comptant sans rapporter la preuve de ses allégations. La plupart du temps, les demandes ne sont que très peu étayées, contestées et conduisent donc à des déboutés.
15. Ainsi à titre d'exemples, faut-il rappeler que :
- la seule production d'un avis d'imposition, taxe foncière, taxe d'habitation ou appel de fonds pour des charges de copropriété ne suffit pas à démontrer qui a effectivement réglé cet impôt ou ces charges. Il conviendra de produire un justificatif du règlement effectif de la dette (relevé de compte portant mention du débit correspondant par exemple, quittance...) ;
- de même, la seule production d'un devis ne saurait fonder un droit à récompense pour la réalisation de travaux ;
- pour ce qui est de l'indemnité d'occupation, que ce soit la démonstration de l'occupation privative du bien ou celle de la libération effective des lieux, il conviendra de produire un constat d'huissier, un nouveau bail, une lettre RAR proposant la remise des clés ou encore des attestations circonstanciées ;
- en outre, l'époux qui se prévaut d'une récompense devra rapporter une preuve en deux temps : d'une part, la preuve qu'il a déboursé de l'argent, et d'autre part, la preuve que cet argent a profité à la communauté ;
- enfin, pour ce qui est de l'utilisation de fonds propres, il faudra

établir une traçabilité précise de leur affectation et utilisation, penser à demander au notaire en charge de l'acte d'achat du bien commun ou indivis le relevé de sa comptabilité de l'époque sur laquelle figurent les virements et dépôts faits par l'un ou l'autre des époux ou concubins.

16. Il est également important de rappeler que les procédures réputées contradictoires font l'objet du même contrôle, voire d'un contrôle accru, en l'absence de défendeur. Ce n'est pas parce qu'il n'y a aucune contradiction qu'il sera fait droit aux demandes sans justificatifs versés aux débats.
Dans le même sens, il apparaît fréquemment une méconnaissance de la procédure de liquidation en elle-même qui induit une présentation relativement tronquée des choses. En pratique, certaines parties semblent penser qu'il y aura une autre étape après le débat judiciaire et qu'elles pourront se prévaloir devant le notaire d'un règlement effectif des créances qu'elles invoquent ou d'une prétention complémentaire. Ce n'est pourtant pas le cas si on se trouve dans le cadre d'une procédure simplifiée, qui suppose que le notaire ne procède à aucune démarche de compte mais intervient simplement pour dresser l'acte liquidatif. Ce qui n'a pas été demandé ou prouvé à ce stade, dans l'assignation ou les conclusions, ne pourra plus l'être.
Il en va de même en cas de procédure complexe dans laquelle le notaire sera désigné pour établir un projet de liquidation. Les points débattus devant le Juge aux affaires familiales seront par définition tranchés et le notaire ne reviendra pas sur ces calculs. Il est ainsi important de rappeler que les décisions du Juge sont, sauf appel, revêtues de l'autorité de la chose jugée et que même si la partie est à même de rapporter une preuve à l'appui de ses prétentions devant le notaire, cela pourrait être trop tardif. Il n'y a pas d'aller et retour de la procédure entre le juge et le notaire.
Enfin, dans le même esprit, faut-il rappeler que le Juge aux affaires familiales ne peut suppléer la carence des parties dans l'administration de la preuve. Ainsi, par exemple, il ne lui appartient pas de faire procéder à des recherches FICOBA pour retrouver les comptes bancaires des parties et/ ou leur état financier, sauf à le demander dans le cadre d'une expertise particulière et en apportant un certain nombre d'éléments indiquant que cette expertise est nécessaire et indispensable. De même, s'agissant de la valeur d'un bien immobilier,

de sa valeur locative, il faudra produire dès le début de l'instance des justificatifs qui s'imposent, telle qu'une expertise immobilière.

17. Un grand nombre d'incidents de mise en état a pour objet la réalisation d'une expertise immobilière en évaluation du ou des biens indivis, ainsi que celle de leur valeur locative (pour déterminer l'indemnité d'occupation). Le recours à une telle mesure suscite toutefois des difficultés. Le coût d'une telle mesure ne peut être ignoré. Au-delà de la question de la consignation, le coût final, dans le cadre des dépens, a vocation à se répercuter sur l'une et/ou l'autre des parties.

Une seconde difficulté se pose également concernant les délais puisqu'il faut compter au mieux plusieurs mois pour la réalisation de l'expertise, avec ensuite un retour du dossier dans le circuit de la mise en état.

Fort de ces éléments, il convient donc de rappeler la jurisprudence constante de la Cour d'appel d'Aix en Provence qui retient, aux fins d'obtenir la valeur locative d'un bien en l'absence d'expertise, l'application d'un taux de rendement annuel de 3,5 % de la valeur foncière dudit bien.

La question de la nécessité de l'expertise doit également être appréciée à l'aune du cadre du partage dans lequel on se trouve car dans le cadre d'un partage complexe avec désignation d'un notaire, celui-ci pourra s'adjoindre un sapiteur, ce qui rend l'expertise quelque peu inutile voire prématurée à ce stade (d'autant qu'il sera plus pertinent d'avoir une valeur au plus proche du partage).

Enfin, et à titre complémentaire, il convient de relever la spécificité en la matière des liquidations partage concernant des couples de concubins qui ne relèvent, ni des règles relatives au mariage, ni des règles relatives aux régimes matrimoniaux. Le principe de la contribution « aux charges du mariage », « du ménage » ne saurait donc trouver à s'appliquer et les demandes ne peuvent donc être calquées sur les demandes que l'on trouve au sein des couples mariés. Pour exemple, il ne peut pas y avoir de compensation entre le paiement par un concubin du crédit immobilier relatif au bien indivis et le paiement par l'autre concubin des charges du ménage.

Ainsi, force est de constater que les pouvoirs liquidatifs du Juge aux affaires familiales, au stade de la procédure de liquidation-partage pure et simple, n'ont pas été remis en cause par la récente réforme, à la différence de ses pouvoirs dans le cadre du divorce.

II. Les compétences liquidatives du JAF au stade du divorce : vers un accroissement des pouvoirs du juge ?

18. L'ordonnance de simplification du droit du 15 octobre 2015, entrée en vigueur le 1er janvier 2016, a sans aucun doute modifié les compétences liquidatives du JAF au stade du divorce. Pour mieux appréhender la portée de réforme, trois points méritent ainsi d'être abordés : un rappel de la pratique suivie jusqu'à présent sur la question de la désignation du notaire (A), les incertitudes résultant du nouveau texte (B) et enfin, le maintien des cas d'intervention ponctuelle du JAF au moment du divorce (C).

A. La question de la désignation du notaire au stade du divorce : pratique actuelle

19. Faut-il le rappeler, aux termes de l'article 267 (ancien) du Code civil : « *À défaut d'un règlement conventionnel par les époux, le juge, en prononçant le divorce, ordonne la liquidation et le partage de leurs intérêts patrimoniaux* ». La désignation d'un notaire par le JAF, au stade du prononcé du divorce, n'était donc prévue par aucun texte.
Outre le silence du Code civil, deux arguments textuels confortaient une telle solution :
- tout d'abord, l'article 1364 du code de procédure civile, permettant la désignation d'un notaire, appartient à la section relative au partage judiciaire (lequel débute par une assignation en partage) ;
- enfin, la circulaire du 16 juin 2010 (reprise en intégralité dans le COJ donc accessible à tous) rappelait expressément que le juge du divorce ne pouvait pas désigner un notaire.
Toutefois, trois arrêts de la Cour de cassation sont intervenus depuis, en 2012 et 2013[35] et ont semé le trouble en ce qu'ils ont permis, sans toutefois l'imposer, la désignation d'un notaire au stade du prononcé du divorce.

20. La position de la chambre de la famille du Tribunal de Grande

[35] Cass. 1re, civ., 7 nov. 2012, n° 12-17394, 11-17377 et 11-10449, Cass. 1re, civ., 11 sept 2013, n° 12-18512.

Instance de Nice, au regard des arguments textuels rappelés, a été, à l'instar de nombreuses autres juridictions du fond, de ne pas désigner de notaire à ce stade, en considérant :
- que de toute façon une telle désignation n'ouvrait pas juridiquement les opérations de liquidation et partage ;
- que le maintien de la dichotomie phase amiable/ phase judiciaire du partage existait bel et bien de sorte que, si les parties voulaient procéder amiablement en allant voir un notaire, elles étaient libres de le faire. Si l'une d'elles bloquait le processus, il faudrait de toute façon passer par le partage judiciaire avec une nouvelle assignation.
En tout état de cause, cette désignation risquait de créer une confusion dans l'esprit des parties voire du notaire (pouvant hésiter sur le fondement de sa désignation, puisqu'en réalité désigné par un juge certes, mais pour une phase seulement amiable).
Ainsi, en l'état actuel du droit, c'est-à-dire pour les procédures pendantes au 1er janvier 2016, le juge du divorce n'est pas le juge de la liquidation, sauf deux exceptions :
- soit, lorsqu'il a le pouvoir de statuer sur les désaccords persistants au sujet de la liquidation du régime matrimonial, si un notaire a été désigné sur le fondement de 255-10° du Code civil pour établir un projet de liquidation du régime matrimonial et si ce projet contient des informations suffisantes,
- soit, seconde hypothèse, en cas de règlement conventionnel par les époux de leur régime matrimonial.
Par ailleurs, d'une manière générale, il convient de rappeler que les parties sont incitées tout au long de la procédure de divorce à trouver des accords sur la liquidation de leur régime matrimonial ou en tout état de cause, à l'anticiper puisque l'assignation en divorce doit contenir, à peine d'irrecevabilité, une proposition de règlement des intérêts pécuniaires et patrimoniaux des époux[36].

Telles étaient donc la position de la Cour de cassation et la pratique suivie, notamment à Nice, sur la question de la désignation du notaire par le JAF. L'ordonnance de simplification du droit du 15 octobre 2015 a réformé la matière mais le nouveau texte suscite quelques incertitudes.

---

[36] Art. 257-2 C. civ.

B. Les incertitudes résultant du nouveau texte

21. La doctrine a effectivement pu qualifier l'ordonnance de « *réforme inachevée* », d'un *« entre-deux* », d'un « compromis ». Aux termes du nouveau texte, la volonté a été celle du maintien du principe d'une séparation des procédures de divorce et de partage. Le règlement des conséquences patrimoniales de la séparation dès la phase de divorce n'est, ni totalement écarté, ni au contraire systématiquement imposé, avec toutefois une volonté affichée de le favoriser.

Pour mémoire, la réforme, en vigueur au 1er janvier 2016, a vocation à s'appliquer à toutes les procédures de divorce pour lesquelles l'assignation n'a pas encore été délivrée à cette date.

22. Deux innovations avec la réforme sont à noter : la réécriture de l'article 267 du Code civil et l'abrogation de l'article 267-1.

L'apport majeur de l'ordonnance réside dans le pouvoir offert au juge du divorce de statuer sur *« les demandes de liquidation et de partage des intérêts patrimoniaux dans les conditions fixées aux articles 1361 à 1378 du Code de procédure civile s'il est justifié par tous moyens des désaccords subsistant entre les parties, notamment en produisant :*

- une déclaration commune d'acceptation d'un partage judiciaire, indiquant les points de désaccord entre les époux

- le projet établi par le notaire désigné sur le fondement du 10° de l'article 255 du code civil ».

En pratique, le juge ne se borne plus à ouvrir la phase liquidative mais peut prendre, dès le stade du divorce, des décisions relatives à la liquidation.

En réalité, le juge ne statuera que dans un cas limité, celui dans lequel les parties sont d'accord *a priori* pour passer outre la phase amiable normalement prévue par le Code en matière de partage. En d'autres termes, elles doivent donc être d'accord sur le fait qu'elles ne sont pas d'accord.

23. Par principe doit alors être soumise au juge une déclaration conjointe des deux époux en ce sens, c'est-à-dire un document annexe, signée de la main des deux époux, témoin de ce qu'elles ont pris conscience de s'engager dans cette voie.

Mais le texte précise par l'adverbe « notamment » que d'autres modes

pourraient être employés, citant pour exemple le projet d'acte notarié de l'article 255-10 (qui n'intervient que très rarement dans nos procédures).
Dès lors, la doctrine avait unanimement envisagé que des conclusions concordantes sur ce point puissent être présentées. À condition qu'elles soient suffisamment précises et véritablement concordantes et à condition d'être particulièrement vigilants, notamment pour les avocats :
- en évitant les phrases types et autres trames dans les conclusions (désignation du Président de la chambre des notaires, désignation d'un juge commis pour veiller aux opérations de liquidation) car ces mentions ne permettent pas au juge de vérifier que les parties ont fait leurs demandes en pleine connaissance des enjeux de la volonté de s'engager dans la nouvelle procédure ;
- en ayant conscience des enjeux soit l'application par le juge des articles 1361 à 1378 du Code de procédure civile s'appliqueront. Dès lors, soit le juge aura tranché l'ensemble des désaccords et le dossier sera renvoyé devant un notaire pour dresser l'acte de partage (procédure simplifiée), soit les opérations seront plus compliquées (notamment calculs, attributions de lots restant à faire) et un notaire sera désigné avec juge commis pour procéder aux opérations.

24. Dans tous les cas, la procédure de divorce ne sera pas clôturée tant que la liquidation et le partage ne seront pas effectués.
Cela aura nécessairement des répercussions en terme de rémunération pour les avocats, notamment pour les clients bénéficiant de l'aide juridictionnelle car aucune attestation de fin de mission ne saurait être délivrée sans clôture du dossier.
Cela pourra aussi entraîner de fait un risque inévitable de ralentissement des procédures, si l'on imagine par exemple que deux époux soient d'accord, dès le stade du divorce pour que soit ordonnée une expertise immobilière aux fins d'évaluation d'un bien.
En tout état de cause, on peut préciser qu'à Nice une récente harmonisation des procédures de liquidation a été mise en œuvre pour que les dossiers avec désignation d'un notaire dans le cadre d'une procédure complexe de liquidation-partage fassent l'objet d'un véritable suivi par le juge commis, avec premier appel du dossier dans un délai de six mois, pour vérifier ce qu'il en est de la situation et demande d'explication systématique au notaire en cas d'absence de

réponse. Mais il n'y a pas encore de recul sur cette mise en œuvre et les relations avec les notaires sont à parfaire en la matière.

25. Néanmoins, le décret d'application du 23 février 2016 semble ajouter au texte en précisant à l'article 1116 du Code de procédure civile que la justification des désaccords subsistants par les parties doit intervenir « au moment de l'introduction de l'instance », ce qui revient à considérer que des conclusions concordantes, par définition postérieures, ne seraient pas acceptables.

De même, en l'absence de défendeur, les incertitudes existent. Le texte de l'article 267 du Code civil n'impose pas que les deux parties saisissent le Juge en ce sens. Mais le rapport fait au Président de la République relatif à l'ordonnance du 15 octobre 2015 mentionne expressément que « les parties doivent justifier » et le décret précité évoque également « les parties » et/ou « les deux époux ». En tout état de cause, c'est précisément dans les dossiers où il n'y a pas de défendeur qu'aucune procédure amiable de liquidation ne peut par définition être envisagée. Le traitement de cette situation demeure incertain à l'heure actuelle. Le Juge pourrait effectuer un contrôle des démarches amiables ainsi qu'il le fait dans le cadre de l'article 1360 du Code civil dans les dossiers de liquidation.

26. Enfin, des incertitudes demeurent quant à deux principes que certains auteurs auraient souhaité voir intégrer dans les textes à ce stade de la procédure et qui ne figurent, ni dans l'ordonnance ni dans le décret d'application.

D'une part, la notion d'« *éléments suffisants* » de fait, n'est pas reprise dans le nouvel article 267 du Code civil mais il va sans dire que les éléments présentés doivent être complets et que les demandes ne peuvent porter sur des points ponctuels qui ne sauraient être appréciés sans examen plus général du partage envisagé. Les notaires ont rappelé sur ce point, à plusieurs reprises, y compris sous l'empire des anciens textes, qu'il n'y avait aucun intérêt à trancher des points de désaccords de manière anticipée sans avoir une vision plus générale car cela empêchait par la suite un certain nombre de négociations. À l'opposé, on peut aussi considérer que dans certains cas, un désaccord persistant bloque toute discussion entre époux et que les choses peuvent enfin évoluer une fois qu'il est tranché (question du montant de l'indemnité d'occupation par exemple).

Plus généralement, il convient d'avoir une réflexion sur l'économie

générale de la procédure de divorce/ liquidation et de trouver un équilibre (type de divorce, demandes financières formulées). En tout état de cause, et même si cela n'est pas rappelé par le nouveau texte, il apparaît évident que les parties devront présenter à l'appui de leurs demandes de liquidation et partage au stade du divorce, des éléments suffisants. En cas d'absence d'élément suffisant, le juge serait contraint d'ordonner la liquidation avec procédure complexe, c'est-à-dire désignation d'un notaire et d'un juge commis, alors que telle n'était peut-être pas la volonté première des parties qui avaient cru gagner du temps...
D'autre part, le principe de « *concentration des moyens et des demandes* » n'a pas été repris dans les nouveaux textes pour ce qui concerne la liquidation intervenant dès le divorce. Il est pourtant clairement énoncé au stade des opérations complexes devant le notaire dans le cadre de l'article 1378 du Code de procédure civile. Cela pourrait éviter un certain nombre de malentendus et de confusions entre les époux.

C. Le maintien des cas d'intervention ponctuelle du JAF au moment du divorce

27. Le juge du divorce conserve donc certains pouvoirs.
- **Tout d'abord, il a le pouvoir de statuer sur la détermination du régime matrimonial applicable aux époux et prévoit la possibilité de le faire d'office**. Il s'agit là d'une consécration par l'ordonnance de 2015 d'une jurisprudence constante. Cette règle est en effet justifiée à deux égards, d'une part dans la perspective de la détermination et de l'évaluation de la prestation compensatoire, et, d'autre part, dans la perspective du règlement des intérêts patrimoniaux des époux. Par ailleurs, cette question est souvent source potentielle de contentieux en présence d'un élément extranéité.
- **Enfin, il peut statuer sur les demandes d'attribution préférentielle, de maintien dans l'indivision, et d'avance sur part de communauté ou de biens indivis**.
En matière d'attribution préférentielle, on peut rappeler la jurisprudence constante de la Cour de cassation qui indique régulièrement que le juge ne peut pas rejeter une demande d'attribution préférentielle formée au stade du divorce au motif qu'il n'est pas compétent pour fixer la valeur de l'immeuble. Toute la

difficulté réside dans le fait que malgré cette impossibilité de subordonner l'attribution préférentielle à l'évaluation préalable du bien, le juge doit néanmoins veiller à vérifier que le bénéficiaire éventuel de l'attribution sollicitée offre des garanties suffisantes pour être en mesure de régler la soulte, dont il pourra être redevable.

28. Ces pouvoirs liquidatifs ainsi énoncés conservent également leur caractère limitatif.

Le juge aux affaires familiales demeure fréquemment saisi dans les procédures de divorce de demandes pour lesquelles il n'est manifestement pas compétent, telles que :

- les demandes d'attribution de meubles (à l'exception le cas échéant de l'attribution préférentielle du véhicule dès lors que celui-ci est nécessaire aux besoins de la vie courante) ;
- les demandes de maintien des mesures de l'ordonnance de non-conciliation ;
- les demandes de répartition des crédits ;
- les demandes de maintien de la jouissance gratuite du logement de la famille ou de maintien de l'attribution de la jouissance du logement alors même que le juge du divorce ne peut plus statuer sur les questions de jouissance, que seule une demande d'attribution du droit au bail peut prospérer et que la jouissance qui a pu revêtir un caractère gratuit depuis l'ordonnance de non-conciliation revêt nécessairement un caractère onéreux à compter du divorce ;
- les demandes de « donner acte » qui sont dépourvues de valeur juridique et qui ne sont pas procéduralement considérées comme des prétentions auxquelles le juge doit répondre.

29. En conclusion, il apparaît opportun d'attirer l'attention sur les interrogations quotidiennes que pose l'application pratique des textes actuels, ainsi que sur les questions qui jalonnent les textes nouveaux.

Nous ne pouvons que recommander de les prendre avec la plus grande prudence.

Il n'est pas certain que les objectifs poursuivis par le législateur de 2004 aient été atteints (pour mémoire, les difficultés d'application concrète des dispositions de l'article 255-10 du Code civil qui sont loin d'être à la hauteur des espoirs qui avaient été placés en elles, puisque la célérité n'est pas forcément au rendez-vous).

Reste que le dispositif nouveau pourrait permettre un certain nombre d'avancées, à condition que tous les professionnels s'en saisissent ensemble, en ayant conscience des enjeux procéduraux... D'où l'opportunité d'échanges réguliers dans le cadre de formations, journées d'études ou autres.

La force des conventions homologuées

Par
Natalie FRICERO

Professeur à l'Université de Nice Sophia Antipolis
Directeur de l'Institut d'études judiciaires
Directeur du master 2 Gestion des contentieux privés

Le terme de « séparation » vient du latin *separo* qui signifie distinguer, mettre à part. Toute séparation d'un couple marié[37] soulève d'importantes difficultés tant extrapatrimoniales que patrimoniales. D'une façon générale, quel que soit le mode de rupture, la loi place les enjeux patrimoniaux de la séparation sous l'angle de l'apaisement et du consensualisme. Elle incite les membres du couple à gérer par eux-mêmes la liquidation des intérêts patrimoniaux, sous réserve d'une homologation de leur accord par le juge. La récente réforme relative aux pouvoirs liquidatifs du juge aux affaires familiales qui a été précédemment exposée permet de mesurer à quel point le législateur tente de développer la liquidation amiable des intérêts patrimoniaux, puisque le nouvel article 267 du Code civil prévoit que les époux peuvent se mettre d'accord sur leurs désaccords pour permettre au juge de décider d'un partage judiciaire !
Les avocats qui assistent les époux doivent donc anticiper ce règlement des questions patrimoniales et inciter leur client à recourir à une liquidation amiable. Observons que pour parvenir à un accord soumis à homologation, tous les processus peuvent être mis en œuvre par les avocats : pourparlers transactionnels habituels, mais aussi droit collaboratif, procédure participative ou médiation. Cette implication devient une nécessité : si le divorce demeure encore longtemps traditionnel, c'est-à-dire réglé par le juge aux affaires familiales, les contraintes de la MAP (modernisation de l'action publique), c'est-à-dire en résumé l'objectif de faire des économies dans tous les services publics, risquent fort de conduire à une déjudiciarisation du divorce à plus ou moins long terme[38]. L'Italie s'est engagée dans cette voie,

[37] La rupture d'un PACS ou d'un concubinage ne sera pas évoquée.
[38] Le projet de loi n° 3726 discuté à l'assemblée nationale le 17 mai 2016 crée un article 229-1 du code civil « Lorsque les époux s'entendent sur la rupture du

puisque la nouvelle loi du 22 avril 2015, entrée en vigueur le 26 mai 2015, prévoit qu'un couple sans enfant mineur et sans patrimoine à partager et qui manifeste un consentement à la rupture peut divorcer selon une procédure administrative, en un mois, moyennant environ 16 euros de timbres fiscaux, en se rendant devant l'officier d'état civil, pour dire « non » à son union aussi simplement qu'il avait dit « oui » quelque temps auparavant… Ces perspectives s'insèrent dans le cadre d'une réforme d'ampleur de la justice civile, à l'aune d'une déjudiciarisation massive et d'un développement important de la médiation et des modes amiables !
Les avocats du divorce doivent donc maîtriser le règlement des intérêts patrimoniaux, d'autant que le recours à un notaire n'est imposé qu'en cas de présence d'un droit soumis à publicité foncière.
La force des conventions homologuées peut être envisagée en distinguant deux régimes différents, selon que ces dernières interviennent impérativement avant le prononcé du divorce par consentement mutuel, ou facultativement en cours d'instance de divorce contentieux.

I. L'obligation de règlement global des intérêts patrimoniaux dans le divorce par consentement mutuel

On sait que le divorce par consentement mutuel repose sur une sorte de fiction : malgré le conflit personnel, les époux doivent manifester un accord intégral portant tant sur le principe du divorce que sur les différents effets, extrapatrimoniaux ou patrimoniaux[39]. Le législateur envisage les conséquences patrimoniales de manière extrêmement détaillée afin de que la rupture des personnes entraîne une répartition de leurs biens et dettes, la reddition des comptes et la définition du sort des biens (partage amiable ou convention d'indivision). Ainsi la convention portant règlement des effets du divorce doit comprendre un état liquidatif ou la déclaration de ce qu'il n'y a pas lieu de

---

mariage et ses effets, ils peuvent, assistés chacun par un avocat, constater leur accord dans une convention prenant la forme d'un acte sous signature privée contresigné par leurs avocats et établi dans les conditions prévues à l'article 1374. Cet accord est déposé au rang des minutes d'un notaire, lequel constate le divorce et donne ses effets à la convention en lui conférant date certaine et force exécutoire ».

[39] PJ Claux et S. David, Droit et pratique du divorce, Dalloz référence 2015-2016.

liquider[40]. Il faut procéder à un règlement du régime matrimonial complet, et tous les autres effets patrimoniaux doivent être réglés : prestation compensatoire, donation et avantages matrimoniaux, dommages et intérêts, etc.
Le juge aux affaires familiales pourra alors prononcer le divorce et homologuer la convention (art. 232 C. civ) : à cette occasion, il exerce un contrôle à la fois sur la réalité de la volonté de chacun des époux et sur le caractère libre et éclairé de leur consentement, et homologue la convention si elle préserve suffisamment les intérêts des enfants et des époux.
Quelles sont les conséquences de l'homologation sur la portée juridique de la convention ?

A. La force obligatoire et la force exécutoire

On considère généralement que la force obligatoire de la convention est subordonnée à son homologation : les effets personnels du divorce sont indisponibles et la modification du régime matrimonial, comme sa liquidation, doivent être homologuées. L'homologation confère également la force exécutoire à la convention.

B. L'indivisibilité de la convention et du jugement de divorce

La jurisprudence a résolu la difficulté relative à la nature juridique de la convention homologuée en considérant qu'elle forme avec le jugement qui prononce le divorce **un tout indivisible**, afin de maintenir une réelle stabilité à la situation juridique engendrée par la rupture du mariage. En conséquence, non seulement il n'est pas possible d'anéantir l'un sans l'autre, mais encore le jugement et la convention homologuée empruntent les caractères d'une décision de justice ce **qui entraîne des conséquences très importantes quant aux possibilités de contestation**.

1) Incontestabilité de la convention homologuée et stabilité juridique

---

[40] Art. 1091 CPC ; l'acte portant règlement du régime matrimonial doit être notarié s'il intéresse un bien soumis à publicité foncière.

1° Les ex-époux peuvent difficilement contester ! Si l'accord des époux est à l'origine du règlement des intérêts patrimoniaux, après l'homologation de la convention, il n'existe plus de possibilité de contestation. En effet, l**e recours ouvert aux époux** est limité au pourvoi en cassation qui ne peut s'appuyer que sur un motif de droit et doit être exercé contre le jugement et la convention homologuée, l'anéantissement du jugement prononçant le divorce emportant celui de la convention homologuée. En revanche, les actions en nullité formée contre la convention pour vice du consentement ou en rescision pour cause de lésion dans le partage **sont irrecevables**[41].
Une telle impossibilité de remettre en cause la convention homologuée a été vivement contestée en présence **de la fraude de l'un des conjoints**, qui surprend le consentement de l'autre, particulièrement en ce qui concerne l'ampleur des intérêts patrimoniaux à liquider ! Certaines juridictions du fond ont donc ouvert un recours en révision partielle au conjoint lésé dans ses intérêts pécuniaires. Mais la Cour de cassation du 5 novembre 2008[42] a finalement déclaré irrecevable le recours en révision partielle dans l'ancien divorce sur requête conjointe, solution transposable à l'actuel divorce par consentement mutuel. Il est vrai que l'article 602 du code de procédure civile admet la révision limitée à un chef spécifique du jugement à condition que les autres chefs n'en dépendent pas : or, la remise en cause de la convention homologuée, même partiellement, entraînerait inévitablement la révision du prononcé du divorce formant avec la convention un tout indissociable !

2° Même les tiers ont du mal à contester la convention homologuée. En effet, la Cour de cassation a exclu que les tiers puissent agir par la voie **de l'action paulienne** contre la convention

---

[41] Cass. 1re civ., 3 mars 2010 , n° 08-70214, JCP N., 2010, 1250, note Massip, Dr. fam. 2010, n° 100, note Larribau Terneyre, à propos d'une action en rescision pour lésion formée contre la convention homologuée ; un arrêt de principe de la 2e chambre civile de la Cour de cassation du 6 mai 1987, D. 1987, note Groslière, Defrénois, 1987, 34044, note Massip, avait clairement affirmé que le prononcé du divorce et l'homologation de la convention définitive ont un caractère indissociable et ne peuvent plus être remis en cause hors des cas limitativement prévus par la loi ; un arrêt du 13 novembre 1991, n° 90-17840, *Bull. II*, n° 303, Defrénois 1992, 35295, note Massip, de la 2e chambre civile a fermé la voie à une action en nullité de la convention définitive fondée sur un vice du consentement.

[42] Cass. 2e civ., 5 novembre 2008, n° 07-14439.

homologuée même si celle-ci lèse leurs intérêts : « après son homologation par le jugement prononçant le divorce, la convention définitive revêt la même force exécutoire qu'une décision de justice et ne peut être attaquée que par les voies de recours ouvertes par la loi dans lesquelles n'entre pas l'action paulienne de l'article 867 du Code civil »[43]. Dans un arrêt du 23 novembre 2011[44], la première chambre civile de la Cour de cassation a déclaré irrecevable l'action en inopposabilité formée par des tiers sur le fondement du principe général « *fraus omnia corrumpit* » à l'encontre d'une convention homologuée dans le cadre de l'ancien divorce requête conjointe… En l'espèce, les enfants non issus du couple qui prétendaient que la convention contrevenait à leur droit à réserve, il est vrai que les époux s'étaient remariés peu de temps après leur divorce !

2) Protection d'autres intérêts patrimoniaux concurrentiels et remise en cause de la convention

1° Des exceptions limitatives sont néanmoins prévues à l'article 1104 du code de procédure civile puisque les créanciers de l'un ou l'autre époux peuvent faire déclarer que la convention homologuée leur est inopposable en formant tierce-opposition contre la décision d'homologation dans l'année qui suit l'accomplissement des formalités légales de publicité prescrite à l'article 262 du Code civil. Ce recours permet d'obtenir que la convention homologuée soit déclarée inopposable sans remettre en cause le prononcé du divorce ou la valeur de la convention à l'égard des époux et des autres tiers non opposants. Ce recours n'est pas fondé sur la preuve d'une fraude commise par les époux, le créancier doit seulement justifier d'un intérêt à agir en démontrant que ses intérêts sont lésés par l'effet de l'homologation de la convention. En outre seuls les créanciers sont visés par le texte et non d'autres tiers comme par exemple les enfants issus d'un précédent mariage[45]…

---

[43] Cass. 2e civ., 25 nov. 1999, n° 97-16488.

[44] Cass. 1re civ., n° 10-26802, *Bull. I,* n° 204, AJ Fam. 2012, 47, obs. David, RTD civ. 2012, 98, obs. J. Hauser.

[45] On peut raisonner par analogie avec le changement de régime matrimonial, Cass. 1re civ., 9 juill. 1991, D. 1992, somm. 20, obs. Lucet ; RTD civ. 1992, 436, Lucet et Vareille.

2°Insécurité de la convention homologuée pendant la période suspecte : la chambre mixte de la Cour de cassation le 6 décembre 1985[46] a considéré qu'il est loisible à l'ancien « syndic » d'agir en inopposabilité à la masse de l'état liquidatif compris dans la convention définitive réglant les effets du divorce requête conjointe. Après la réforme de la loi du 25 janvier 1985 qui a prévu la nullité des actes interdits après la cessation des paiements, la 1re chambre civile[47] et la chambre commerciale[48] de la Cour de cassation ont jugé que les dispositions patrimoniales pécuniaires contenues dans la convention de divorce conclue après la date de cessation des paiements sont susceptibles d'être frappées par l'une des nullités affectant les actes accomplis au cours de la période suspecte, sans que cela affecte le principe du divorce. La question n'est pas résolue de savoir si la nullité frappe l'ensemble de la convention ou uniquement les dispositions ayant porté atteinte aux créanciers !
Si la convention **est homologuée après l'ouverture de la procédure collective**, l'époux dessaisi ayant cédé des droits qu'il détient sur des biens dans le cadre du partage des intérêts patrimoniaux ou s'étant engagé à faire des versements pécuniaires à son ex-conjoint (prestation compensatoire ou pension alimentaire), l'administrateur ou le liquidateur peut demander au tribunal de la procédure collective de prononcer l'inopposabilité des actes litigieux : les biens et valeurs attribués au conjoint *in bonis* par la convention de divorce homologuée devront être réintégrés à la procédure pour apurer le passif de l'entreprise[49] !

C. L'immutabilité de la convention homologuée

Afin d'éviter les contentieux ultérieurs, la convention homologuée et le jugement de divorce sont immuables. Toutefois, on note de nombreux tempéraments au principe de l'immutabilité.

---

46 Cass. ch. Mixte 6 déc. 1985, n° 82-14122, *Bull. ch. mixte* n° 1, D. 1986, 185, Derrida, RTD civ. 1987, 288, Rubellin-Devichi.
47 Cass. 1re civ., 25 janvier 2000, n° 97-21119.
48 Cass. com., 7 novembre 2006, n° 04-18650.
49 P.M. Le Corre, Dalloz Action Droit et pratique des procédures collectives, 2015-2016, n° 714-82.

D'abord l'article 279, alinéa 2 du Code civil permet aux parties de remettre en cause d'un commun accord les stipulations de leur convention de divorce. Néanmoins, selon un parallélisme des formes, toute révision de la convention définitive homologuée suppose un nouvel écrit soumis à l'homologation du juge[50].

Ensuite, l'article 279, alinéa 3 du Code civil permet aux époux de prévoir dans leur convention que chacun pourra en cas de changement important dans les ressources ou les besoins de l'une ou l'autre des parties, demander au juge de réviser la prestation compensatoire. Sans entrer dans le détail, en l'absence de clause de révision, il est toujours possible de revenir sur la prestation compensatoire convenue : lorsque la prestation prend la forme d'un capital échelonné, le débiteur peut demander la révision de ces modalités de paiement en cas de changement important de sa situation, pour se voir autoriser le versement du capital pour une durée totale supérieure à 8 ans (art. 275, al. 2 C. civ.). Il peut aussi, à tout moment, demander à être libéré du solde du capital (art. 275, al. 3 C. civ.). En présence d'une rente viagère, la prestation convenue peut être révisée, suspendue ou supprimée en cas de changement important dans les ressources ou les besoins des parties (art. 276-3 C. civ.).

D. La possibilité d'un partage complémentaire

1° En cas d'omission d'un bien, depuis un arrêt du 27 janvier 2000[51], la 2e chambre civile de la Cour de cassation admet que la lacune dans la convention définitive peut être comblée par **un partage complémentaire accepté par les époux, sans qu'il soit obligatoire de recourir à une nouvelle convention soumise à homologation**. Cette situation concerne essentiellement une négligence des deux époux ou une omission volontaire de leur part.

La première chambre civile de la Cour de cassation le 6 mars 2001[52] a rappelé que l'un des époux peut présenter ultérieurement une demande tendant partage complémentaire de biens communs ou

[50] Art. 279 C. civ., Cass. 2e civ., 11 janv. 2005, n° 03-16719, *Bull. I*, n° 16, AJ Fam. 2005, 104, obs. David.

[51] Cass. 2e civ., n° 97-14657, *Bull. II*, n° 18, RTD civ. 2000, 299 et 554, obs. J. Hauser, Defrénois 2000, 37261, obs. Massip.

[52] Cass. 1re, civ., 6 mars 2001, n° 98-15 168, Bull. I, n° 54, JCP 2002, I, 103, obs. Tisserand ; Dr. Fam. 2001, comm. 72, note Lécuyer.

indivis qui ont été omis dans l'état liquidatif homologué et que le partage doit alors se faire conformément aux règles du partage de communauté ; ce qui signifie que l'époux victime peut demander des sanctions du recel si son ex-conjoint été l'auteur d'une dissimulation frauduleuse, il pourrait même demander des dommages et intérêts pour réparaient les conséquences préjudiciables des fautes commises par l'ex-conjoint lors de l'élaboration de la convention[53].
Il reste ce que cette solution qui repose sur l'accord entre les ex-époux n'est pas toujours aisée à mettre en œuvre, des désaccords pouvant apparaître sur les modalités du partage !

2° En cas d'omission d'une dette née en cours de mariage, plusieurs aspects doivent être précisés :
• en ce qui concerne l'obligation la dette, les droits des tiers restent fixés par le régime matrimonial en vigueur au moment où la dette a été contractée et comme la convention des époux, même homologuée en justice, est soumise au principe de relativité des contrats et n'a de force obligatoire que dans les rapports entre les époux, elle ne peut pas avoir pour effet d'éteindre la dette à l'égard d'un créancier !
• en ce qui concerne la contribution à la dette et sa répartition entre les époux, la solution appliquée dans l'hypothèse de l'omission d'un bien peut être transposée. La dette est répartie selon les règles du régime matrimonial. Si elle a été dissimulée volontairement par l'un des époux à son conjoint, ceci est de nature à remettre en cause l'équilibre convenu entre les époux dans leur convention de divorce. Dès lors, l'article 1477 du Code civil prévoit que celui qui aurait dissimulé sciemment l'existence d'une dette commune doit l'assumer définitivement.

Il faut ajouter que la Cour de cassation a décidé le caractère imprescriptible de l'action en partage complémentaire[54], ce qui est conforme au principe selon lequel nul ne peut être contraint de demeurer dans l'indivision. Cette solution risque néanmoins de fragiliser le caractère définitif de l'homologation de la convention dans le divorce par consentement mutuel !

---

[53] Cass. 1re civ., 26 janvier 1994, n° 92-10 513.
[54] Cass. 3ème civ., 20 novembre 2013, n° 12-21 621.

II. La faculté de régler les intérêts patrimoniaux au cours de l'instance de divorce contentieux

A. Les incitations à des accords en cours d'instance

Le législateur a tenté de favoriser les accords des époux au cours de l'instance en divorce, même si la liquidation patrimoniale n'est pas une condition du prononcé du divorce (art. 265-2 C. civ.). Ainsi, au stade de la conciliation, le JAF peut nommer un professionnel qualifié ou un notaire (art. 1116 CPC et 255-9° et 10° C. civ.). L'intérêt de nommer un notaire sur le fondement de l'article 255-10° du Code civil est de permettre au JAF de prononcer le divorce et de statuer sur les désaccords listés par les époux (art. 267 C. civil voir l'intervention précédente). Au stade de la demande introductive d'instance, l'article 257-2 du Code civil impose à l'époux demandeur de joindre à son assignation une proposition de règlement des intérêts pécuniaires et patrimoniaux des époux (art. 1115 CPC) : ceci permet d'entamer un dialogue avec l'autre conjoint en vue de parvenir à un accord avant l'audience de prononcé du divorce.

Cet accord est susceptible de donner lieu à une passerelle avec un divorce par consentement mutuel (art. 247 CPC).

À défaut, les époux peuvent poursuivre la procédure contentieuse : l'accord sur les aspects patrimoniaux est soumis aux dispositions prévues à l'article 265-2 du Code civil. **La convention porte sur le régime matrimonial** quel qu'il soit, comporte un état liquidatif et le partage ainsi que l'attribution des lots (plus exceptionnellement, le maintien dans l'indivision). Pour une solution globale, et notamment pour envisager une prestation compensatoire, une autre convention, établie sur le fondement de l'article 268 du Code civil devra être soumise à homologation. La convention portant sur le régime matrimonial, qui doit être notariée si un immeuble doit être partagé, devra renvoyer à cette convention pour la prestation compensatoire, et comporter une condition suspensive, celle du prononcé du divorce et de l'homologation de la convention précisant la prestation compensatoire.

La convention prévue à l'article 265-2 du Code civil doit être établie pendant l'instance, après l'assignation ou la requête introductive et avant qu'une décision définitive intervienne sur le divorce : une convention antérieure serait nulle, parce que contraire à l'immunité des conventions matrimoniales [55]. Elle peut être établie par un avocat, ou un notaire si elle porte sur un droit soumis à publicité foncière.

B. La portée de la convention homologuée

L'article 268 du Code civil précise en règle générale que les conventions passées par les époux en cours d'instance peuvent être homologuées, ce qui recouvre les conventions passées conformément à l'article 265-2 du Code civil.
L'article 1451 al. 1er du Code civil prévoit que **les conventions passées en application de l'article 265-2 sont suspendues jusqu'au prononcé du divorce** et qu'elles ne peuvent être exécutées que lorsque le jugement de divorce a pris force de chose jugée. Bien que cette disposition figure sous le régime de communauté, il est possible d'admettre qu'elle concerne tous les régimes matrimoniaux même séparatistes.
Le même article 1451, al. 2 du Code civil prévoit que l'un des époux peut **demander au juge du divorce de modifier la convention si les conséquences du divorce remettent en cause les bases de la liquidation et du partage** (par exemple par la condamnation à verser une prestation compensatoire à laquelle les époux n'avaient pas songé !). On voit tout l'intérêt pour les époux qui passent une convention sur le fondement de l'article 265-2 du Code civil d'établir une autre convention fondée sur l'article 268 relativement à la prestation compensatoire.
S'agissant de l'homologation de l'accord (art. 265-2 et 268 C. civ.), la doctrine considère qu'il faut appliquer la même théorie de **l'indivisibilité entre la convention homologuée et le jugement de divorce et fermer les possibilités de contestation fondées sur le droit commun des contrats**[56].

---

[55] Cass. 1re civ., 8 nov. 2009, n° 07-15945.
[56] S. David et P.J. Claux, Dalloz action, Divorce, 2015-2016, n° 237-103.

Partie II.

L'aménagement du futur patrimonial

L'évaluation de la prestation compensatoire

Par
Nathalie BEURGAUD
Avocat au Barreau de Nice

Lorsque Madame Laetitia Antonini-Cochin m'a invitée à intervenir sur le thème de l'évaluation de la prestation compensatoire, j'étais loin d'imaginer que cette bonne vieille prestation compensatoire pouvait encore me surprendre et me donner du fil à retordre.

J'aurais pu, j'aurais du m'en douter tant cette « jeune femme de 40 ans » a fait couler d'encre depuis son entrée sur la scène du divorce.

Il faut remonter à l'année 1975 pour découvrir cette entité singulière dont la nature interpelle, concept hybride dont on s'interroge encore aujourd'hui sur son caractère alimentaire, indemnitaire ou les deux à la fois.

À la pension alimentaire qui prolongeait artificiellement un mariage, pourtant bel et bien mort, par la survie du devoir de secours, la loi n° 75-617 du 11 juillet 1975 substitue une prestation destinée à « ***compenser autant qu'il est possible la disparité que la rupture du mariage crée dans les conditions de vie respectives des époux*** », et, selon les propres mots de Monsieur le Doyen CARBONNIER, architecte de la loi, à assurer « ***un rééquilibrage entre deux situations patrimoniales dont la disparité avait été jusqu'alors masquée par la communauté de vie*** ».

Le recul du divorce pour faute et l'incitation au règlement amiable des situations conjugales ont déplacé les projecteurs de la cause du divorce vers ses conséquences financières et en particulier vers la prestation compensatoire.

Cette dernière focalise l'attention des époux et des praticiens avec la louable intention de parvenir non seulement à en définir le plus clairement possible les contours mais surtout à en estimer le plus justement possible le montant.

Plus de 40 ans après l'entrée en vigueur de la loi du 11 juillet 1975, il est permis de faire un double constat :

- les contours de la prestation compensatoire se sont affinés à la faveur des retouches législatives successives et notamment des lois des 30 juin 2000 et 26 mai 2004 ainsi qu'à la lumière des nombreuses décisions de justice rendues en la matière ;
- en revanche, ce qui demeure toujours sujet à discussion est la façon de parvenir au juste prix de la compensation.

Si l'on peut répondre de façon assez précise à la question « Faut-il compenser à tout prix ? », il est plus délicat de répondre à la question « À quel prix compenser ? ».

I. COMPENSER À TOUT PRIX ?

L'analyse des textes et de la jurisprudence nous conduit à considérer que toute disparité n'est pas bonne à compenser.

Il est des cas, certes marginaux, dans lesquels, bien qu'objectivement et mathématiquement établie, la disparité ne sera pas pour autant compensée. En effet, la prestation se mérite (A).

En revanche, lorsqu'elle doit être compensée, c'est au regard de critères précis qu'elle doit être appréciée (B).

A. Une compensation qui se mérite

Après avoir posé le principe de la compensation de la disparité dans son alinéa 2, l'article 270 du Code civil tempère les ardeurs des plaideurs (ou du moins devrait tempérer les ardeurs des plaideurs) en disposant : « ***Toutefois, le juge peut refuser d'accorder une telle prestation si l'équité le commande, soit en considération des critères prévus à l'article 271, soit lorsque le divorce est prononcé aux torts exclusifs de l'époux qui demande le bénéfice de cette prestation, au regard des circonstances particulières de la rupture*** ».

En définitive, le créancier de la prestation compensatoire doit être un bon époux qui s'est sacrifié.

a. Le créancier doit être un bon époux…

Que penser de cet alinéa au regard de la volonté affichée par le législateur d'apaiser le divorce et de dissocier les causes de la rupture de ses conséquences financières ?

Il convient de rappeler que l'ancien article 280-1 du Code civil, dans sa rédaction issue de la loi du 11 juillet 1975, privait de toute prestation compensatoire l'époux aux torts exclusifs duquel le divorce était prononcé.
Dans sa logique de pacification du divorce, la loi du 26 mai 2004 devait se donner les moyens de ses ambitions en abrogeant ce texte.
Mais reste la réserve du dernier alinéa de l'article 270 que le professeur Hauser a qualifié de « clause d'exceptionnelle indignité » et dont les termes restrictifs rendent très marginales les situations de refus de prestation compensatoire[57].

Dans les premières années d'application de la loi de 2004, il a été fait une application très timide du texte, une faute isolée ne suffisant pas à exclure toute compensation. Toutefois, il se dessine peu à peu un infléchissement de cette tendance et l'émergence d'un courant jurisprudentiel privant de toute prestation compensatoire des époux particulièrement déméritant[58].
Il faut bien admettre que, dans certaines situations, il est difficile de rompre avec toute logique de responsabilité et il est heureux que le juge dispose d'une marge de manœuvre pour rendre une décision acceptable.
Suffit-il alors de s'être bien comporté pour prétendre à une prestation compensatoire ?
Pas forcément dans la mesure où, dans certaines situations, les critères d'évaluation de l'article 271 du code civil et l'équité conduiront le juge à ne pas compenser.

---

[57] V. Circulaire du 23 novembre 2004 de présentation de la loi relative au divorce, du décret portant réforme de la procédure en matière familiale et du décret fixant les modalités de substitution d'un capital à une rente allouée au titre de la prestation compensatoire (Bulletin officiel du ministère de la justice n° 2004/96, p. 20-106) qui invite d'ailleurs clairement à une interprétation stricte de l'exception.
[58] Paris, 11 mars 2014 : époux ayant entretenu une liaison avec l'employée de maison, un enfant étant né de cette relation ; Caen 3 avr. 2014 : adultère notoire avec un collaborateur de l'époux ; Bordeaux 21 janv. 2014 : abandon financier et moral des enfants dont l'un gravement handicapé ; Chambéry 7 janv.2014 : violences morales et physiques devant les enfants et humiliation de l'épouse.

b. ...qui s'est sacrifié

L'article 270 du Code civil renvoie aux critères d'évaluation de l'article 271 du Code civil pour écarter la compensation de la disparité,

et ce toujours au nom de l'équité.

Le législateur considère ainsi que certains déséquilibres objectifs à la sortie du mariage peuvent ne pas être compensés au regard des critères légaux guidant l'appréciation du montant de la prestation.
C'est ainsi que, en équité et au vu des éléments de l'article 271 du Code civil, sera refusée une prestation compensatoire en présence d'un mariage de courte durée avec, comme tendance dominante, un rejet de toute compensation pour des mariages d'une durée inférieure à 5 ans.
C'est ainsi également que seront retenues les qualifications professionnelles équivalentes susceptibles d'offrir au conjoint demandeur les mêmes perspectives d'évolution que son époux...

Un débat s'est toutefois instauré à la suite d'arrêts rendus par la Cour d'appel de Lyon ayant rejeté des demandes de prestations compensatoires au motif que la disparité existait antérieurement au mariage et ne résultait donc pas de sa rupture[59].
Or, par un arrêt de cassation rendu le 18 mai 2011, la Cour de cassation a clairement affirmé que les juges ne pouvaient se fonder sur des circonstances antérieures au mariage pour apprécier la disparité[60]. Aurait-elle décidé du contraire qu'elle aurait ajouté au texte.
Il convient toutefois de relativiser la portée de ces arrêts de cassation qui, du reste, n'ont pas empêché certaines cours d'appel de résister.
La question mérite peut-être d'être posée différemment et dans ces termes : à la sortie du mariage, la disparité résulte-t-elle de choix communs, de sacrifices de l'un des époux au détriment de sa carrière, de son évolution professionnelle ?
Une réponse négative devrait permettre au juge, au visa de la clause d'équité de l'article 270 qui fait référence aux critères de l'article 271,

---

[59] Lyon 25 nov. 2010, n° 09/02224, *Dr Fam.* mars 2011, Comm. 34.
[60] Cass. 1re civ., 18 mai 2011 *AJ Fam.* 2011. 372 ; RTD*civ.* 2011, 521 ; *Dr.fam.* 2011. Comm 108.

d'écarter ou de minorer une prestation compensatoire sans craindre la censure des hauts magistrats.

B. Une compensation qui s'explicite

L'article 270 conditionne le principe même de l'octroi de la prestation compensatoire à l'existence d'une « ***disparité que la rupture du mariage crée dans les conditions de vie respectives »***.

Quant à l'article 271 du Code civil, il détermine les règles de fixation de la prestation compensatoire « *selon les besoins de l'époux à qui elle est versée et les ressources de l'autre en tenant compte de la situation au moment du divorce et de l'évolution de celle-ci dans un avenir prévisible... Et en considération notamment de :*

- la durée du mariage ;

- l'âge et l'état de santé des époux ;

- leur qualification et leur situation professionnelles ;

- les conséquences des choix professionnels faits par l'un des époux pendant la vie commune pour l'éducation des enfants et du temps qu'il faudra encore y consacrer ou pour favoriser la carrière de son conjoint au détriment de la sienne ;

- le patrimoine estimé ou prévisible des époux, tant en capital qu'en revenu, après la liquidation du régime matrimonial ;

- leurs droits existants et prévisibles ;

- leur situation respective en matière de pensions de retraite en ayant estimé, autant qu'il est possible, la diminution des droits à retraite qui aura pu être causée, pour l'époux créancier de la prestation compensatoire, par les circonstances visées au sixième alinéa ».

Or il se trouve que ces critères d'évaluation sont confusément utilisés par la jurisprudence à la fois pour caractériser la disparité et pour évaluer la compensation. Toujours est-il que la compensation comme la disparité dont elle découle doivent être appréciées en fonction de la situation au moment du divorce mais également au regard de son évolution dans un avenir prévisible.

a. D'une disparité vérifiée...

À défaut de définition légale, c'est la finalité de la prestation compensatoire qui permet d'en appréhender les contours. Il s'agit d'équilibrer les conditions de vie des ex-époux de sorte que celui qui

est dans une situation plus confortable hisse le niveau de vie de son conjoint afin d'atténuer le préjudice économique résultant de la rupture du mariage.
L'analyse de la jurisprudence permet de dégager une définition « négative » de la disparité et partant de la prestation compensatoire.
Il est ainsi régulièrement rappelé que la prestation compensatoire n'a pas pour objet d'assurer une égalisation de fortunes, ni de gommer le jeu du régime matrimonial librement choisi par les époux[61] et encore moins de « corriger les injustices liées au jeu du régime séparatiste »[62].
La Cour de cassation a d'ailleurs eu l'occasion de préciser que la disparité n'avait pas à être « significative » pour être compensée[63].
La disparité doit découler du vécu conjugal, de choix communs et non d'un choix personnel, délibéré étranger au mariage et à la vie de famille.
Ainsi, ne donne pas lieu à compensation la disparité découlant du choix du mari de s'orienter vers « une vie professionnelle peu active », pas plus que celle découlant du choix de vie d'époux séparés depuis 20 ans et ayant changé de régime matrimonial pour passer du régime légal de communauté réduite aux acquêts à celui de la séparation de biens[64].

En définitive, la prestation compensatoire, telle qu'elle est définie par la loi n'a pas pour objet de niveler les fortunes, de corriger l'inégalité des conditions ou des talents, non plus que de remédier aux inconvénients du régime matrimonial. Elle vise seulement à rétablir l'équilibre rompu entre les situations respectives des époux lorsque l'un d'eux a sacrifié ou freiné sa carrière pour permettre à son conjoint de faire évoluer la sienne, notamment en le suivant au gré de ses mutations ou en renonçant à ses propres ambitions professionnelles pour rester au foyer auprès des enfants, tandis que l'autre époux se consacre à son travail et progresse sur le plan social et professionnel.

---

[61] Paris, 23 sept. 2010, RG n° 09/01961 ; Aix en Provence 13 sept. 2011, RG n° 09/19302.
[62] Cass. 1ère civ., 8 juillet 2015, n° 14-20.480, *AJ Fam.* 2015, 541.
[63] Cass. 2ème civ., 6 mai 1987, *Bull. civ.* II, n° 101.
[64] Cass. 1ère civ., 15 févr. 2012, *AJ Fam.* 2012. 225.

b. …à une compensation encadrée

Le législateur guide l'office du juge en l'invitant à prendre en compte les besoins du créancier et les ressources du débiteur au moment du divorce et dans un avenir prévisible en considération d'éléments de fixation relevant tout à la fois de critères objectifs et de critères subjectifs.

Les revenus sont les revenus professionnels ainsi que les revenus fonciers et mobiliers issus du patrimoine personnel de l'époux à l'exclusion de ceux produits par le patrimoine commun ou indivis qui ont vocation à être partagés à égalité entre les conjoints[65]. Sont exclues les pensions alimentaires issues du devoir de secours qui cesseront après le prononcé définitif du divorce ainsi que les contributions à l'entretien et l'éducation des enfants et les allocations familiales qui bénéficient aux enfants et ne sont pas destinées au train de vie du parent.

Le patrimoine en capital est celui, mobilier et immobilier, dont les époux sont personnellement propriétaires mais également le patrimoine prévisible « après la liquidation du régime matrimonial ».

Force est d'admettre que, malgré les incitations législatives à anticiper la liquidation du régime matrimonial dès le début de la procédure, notamment grâce mesures d'instruction de l'article 255-9° et 10° du Code civil, la très grande majorité des prestations compensatoires sont fixées sans avoir une visibilité suffisante du résultat prospectif des droits des époux dans la liquidation. Il est vrai que la longueur et le coût de ces mesures sont dissuasifs.

Parmi les éléments de fixation subjectifs de fixation, figure en tête de liste la durée du mariage

Et pour cause. La disparité sera d'autant plus pénalisante et difficile à surmonter que le mariage aura duré longtemps et que l'époux dans le besoin sera à un âge avancé auquel une reconstruction tant professionnelle que personnelle peut s'avérer compliquée voire obérée.

Par deux arrêts de principe rendus le 6 octobre 2010, la 1re Chambre civile de la Cour de cassation a considéré que la durée du mariage

[65] Cass. 1ère civ., 15 fév. 2012, *AJ Fam.* 2012. 301.

exclut la prise en compte d'un concubinage antérieur quelle qu'en soit la durée mais peut se limiter à la durée de la vie commune, ce que l'on a nommé «vif mariage »[66] .

Ainsi si l'est possible de répondre de façon assez précise à la question « Faut-il compenser à tout prix ? », il est plus délicat de répondre à la question « À quel prix compenser ? ».

II. COMPENSER À QUEL PRIX ?

Les bons comptes font les bons futurs ex-époux... Se rapprocher du juste prix de la compensation doit permettre à l'époux de sortir sereinement du mariage sans avoir le sentiment d'être spolié par son conjoint.
Or, passer des critères de l'article 271 du Code civil à une somme d'argent est un exercice très délicat. La nécessité de disposer des méthodes d'évaluation s'est fait ressentir.
Ces méthodes sont de plus en plus sophistiquées et aboutissent à des résultats intéressants, tout autant qu'il en soit fait un bon usage.

A. L'émergence de méthodes d'évaluation de plus en plus sophistiquées

a. Les « méthodes » empiriques

Des règles de calcul confidentielles, disparates, sommaires ont vu le jour et ont circulé dans les couloirs des Palais de justice, sous les robes des avocats et dans les bureaux des juges.

Qu'il s'agisse d'utiliser la pension alimentaire qui est tantôt capitalisée sur 8 années, tantôt multipliée par la moitié de la durée du mariage, tantôt convertie en capital en appliquant la table de conversion issue du Décret du 29 octobre 2004 ou qu'il s'agisse de chiffrer la disparité à partir du différentiel des revenus des époux pour en retenir 20 % et multiplier le résultat par 96, force est d'admettre

---

[66] Cass. 1ère civ., 6 oct. 2010, *AJ Fam*. 2010. 493.

que ces « méthodes », qui n'en sont pas, n'ont aucun fondement sérieux.
Notamment, les règles de calculs ayant pour base la pension alimentaire supposent qu'une ordonnance de non-conciliation ait déjà été rendue et en interdisent corrélativement l'utilisation dans un cadre exclusivement amiable. En outre, il est pour le moins curieux de prétendre calculer le montant de la prestation compensatoire en partant de la seule pension alimentaire alors que ces deux notions ne sont pas assimilables, n'ont pas la même vocation et ne répondent pas aux mêmes critères juridiques.
L'exercice d'une simplicité enfantine, s'il a le mérite d'être rapide voire expéditif, constitue néanmoins un véritable défi à l'article 271 du Code civil dont il prend le parti de négliger voire d'ignorer les critères. Ces calculs se situent tout bonnement en dehors des clous de la loi.

Ces règles de calcul, trop réductrices et peu fiables, ne sont pas satisfaisantes et sont encore trop souvent utilisées par les praticiens.

b. Les méthodes sophistiquées

Peu à peu de véritables méthodes d'évaluation sophistiquées, élaborées dans le cadre d'une démarche scientifique intégrant les critères légaux mais également jurisprudentiels, ont vu le jour et ont été largement présentées et commentées dans les revues spécialisées.

Le premier à s'être lancé dans l'aventure est un magistrat, Monsieur Martin Saint Leon, qui, dans la Gazette du Palais du 31 octobre 2002, dans une chronique de 16 pages au titre évocateur « L'évaluation de la prestation compensatoire ou la recherche de la pierre philosophale » écrit « *la détermination du montant de la prestation compensatoire est une opération aléatoire pour ne pas dire divinatoire* »[67].
Ce magistrat se propose ainsi de définir une méthode rationnelle d'évaluation destinée à limiter la dispersion des décisions de justice dont la comparaison conduisait à la constatation que deux cas similaires pouvaient conduire à deux résultats différents.

---

[67] *Gaz. Pal.* 2002 n° 304 ; V. également du même auteur, « Le calcul de la prestation compensatoire » *AJ Fam.* 2005. 95 ; « Prestation compensatoire : méthodes de calcul – point de vue d'un magistrat », *AJ Fam.* 2010. 360.

Sa méthode consiste à déterminer une unité de mesure résultant de la moitié du différentiel des revenus mensuels des époux (revenus d'activité mais également revenus du capital suivant un taux de rendement) et de lui appliquer un coefficient déterminé en fonction de l'âge du créancier de la prestation et de la durée du mariage de sorte que plus le mariage est long, plus le créancier est âgé et plus la compensation est élevée.

Une autre méthode élaborée par Monsieur Axel Depondt est, quant à elle, fondée sur la capacité d'épargne et sur l'article 275 du Code civil[68].
Monsieur Depondt considère qu'en permettant au débiteur de se libérer de la prestation compensatoire en capital par des versements périodiques sur une durée maximale de 8 années, le législateur a implicitement estimé qu'il ne pouvait être exigé du débiteur qu'il consacre plus de 8 années de sa capacité d'épargne au paiement de la prestation. Là où certains ne voient qu'une modalité de paiement d'un capital, Monsieur Depondt y voit une modalité de fixation du montant de la prestation compensatoire.
S'en suit une méthode rationnelle, en plusieurs étapes, passant par la détermination du revenu théorique de chaque époux (revenu d'activité mais également du patrimoine) duquel est dégagée la capacité d'épargne selon un pourcentage progressif en fonction du montant du revenu pour aboutir à une prestation moyenne résultant de la différence des deux prestations théoriques obtenues, la prestation moyenne étant corrigée à la hausse ou à la baisse selon la durée du mariage (+/- 28 ans), l'âge de l'époux créancier (+/- 45 ans) et le nombre d'enfants (+/- 2 enfants).

La méthode la plus récente dite **méthode par ajustement** a été élaborée par Monsieur Stéphane David, Notaire et Expert judiciaire et Madame Béatrice Weiss-Gout, Avocat au Barreau de Paris[69].
Il s'agit d'une méthode aboutie qui a manifestement profité des enseignements, des forces et des faiblesses des méthodes qui l'ont précédée et qui colle au texte de l'article 271.

---

[68] A. Depondt, « Prestation compensatoire : la méthode de calcul d'un notaire expert », *AJ Fam* 2010. 365.
[69] S. David et B. Weiss- Gout, « La méthode par ajustement » *AJ Fam.* 2014. 526.

Ses concepteurs la définissent comme « *un outil d'ajustement dans le respect des règles légales et jurisprudentielles mais sans perdre de vue les fondements et le rôle de la prestation compensatoire* ».
L'ajustement se fait en premier lieu au niveau des revenus des époux par la prise en considération de leur nature (aléatoire tels des primes et bonus, prévisible telle la mise à la retraite à brève échéance) et des charges légales et / ou judiciaires incontournables (impôts, pensions alimentaires).
Il se fait ensuite au niveau du patrimoine dont la valeur sera ajustée à celle de sa nue-propriété lorsqu'il est productif de revenus, à celle de son droit d'usage et d'habitation lorsqu'il a été acquis avant le mariage ou reçu à titre gratuit et à laquelle il sera appliqué des décotes pour tenir compte d'un patrimoine indisponible, incessible ou non liquide.
La méthode consiste à déterminer, dans une première étape, la disparité de revenus qui s'obtient en capitalisant 20 % de la différence des revenus ajustés des époux. Cette capitalisation se fait par référence au taux de conversion en capital d'une rente temporaire sur la durée du mariage ou d'une rente viagère lorsque le mariage est supérieur à vingt ans, selon l'âge du créancier, conformément au décret n°2004-1157 du 29 octobre 2004.
Dans une seconde étape, il est calculé la disparité des patrimoines qui résulte de la différence des patrimoines ajustés des époux à laquelle il est appliqué 1% par année de mariage ;

Enfin de la collaboration entre des magistrats et des avocats est issue la méthode **PC PILOTE**[70] qui est en quelque sorte l'Ubérisation des méthodes de calculs des prestations compensatoires s'agissant d'un logiciel qu'il suffit d'alimenter de plusieurs renseignements (date du mariage, âge, revenus, patrimoine propre…) pour obtenir un montant de prestation compensatoire. Cette méthode a le mérite de la simplicité et, selon ses concepteurs, a été principalement conçue pour les situations simples qui constituent la plus grosse partie des divorces.

---

[70] V. « Un outil d'aide au calcul de la prestation compensatoire : la méthode « Pilote PC », *AJ Fam.* 2014. 541.

B. Vers une appréciation automatisée de la compensation ?

L'accueil de méthodes d'évaluation par les praticiens est mitigé.

a. La résistance des juges et d'une partie de la doctrine

Les plaideurs commencent à inclure dans leurs écritures les résultats des différentes méthodes afin de convaincre le juge que le chiffre qu'ils proposent est le bon chiffre.
Il faut reconnaître que l'accueil réservé à ces méthodes par la grande majorité des juges est tiède pour ne pas dire parfois glacial[71].
Au mieux, les Juges ignorent ces méthodes et décident de ne pas y répondre, de ne pas les intégrer dans leur raisonnement et donc dans leur décision. Au pire, les juges y font référence pour mieux les écarter, certains allant jusqu'à manifester une véritable réaction d'hostilité quasi épidermique.

La doctrine spécialisée est, quant à elle, mitigée. On relève deux positions diamétralement opposées :
- celle de Jérôme Casey pour qui le Droit de la famille ne peut pas être réduit à des calculs mathématiques conduisant à une conception

---

[71] La Cour d'appel de Bordeaux dans un arrêt du 18 novembre 2014 relève ainsi que« *chacun des époux effectue des calculs en appliquant ce qu'il estime être la bonne méthode de chiffrage d'une prestation compensatoire. La Cour appliquant le code civil, notamment en son article 271, estime que ces éléments mettent en évidence une disparité telle que sus définie* ». La Cour d'appel d'Amiens dans un arrêt du 18 septembre 2014 quant à elle *« rappelle qu'elle n'est pas tenue de se conformer à des méthodes de calculs qui ne découlent pas directement des dispositions législatives ou règlementaires qui s'imposent à elle, quelque puisse en être le mérite intellectuel ».* La Cour d'appel de Bourges dans un arrêt du 29 janvier 2015 relève que la prestation est « *évaluée au regard des dispositions de l'article 271 du code civil et non de tel schéma mathématique utilisé par l'appelante qui ne résulte, ni des textes, ni de la jurisprudence ; en l'absence de barème de calcul le montant de la prestation compensatoire est en effet fixé en fonction des particularités de chaque situation et de leur évolution dans un avenir prévisible.* ». Enfin, la Cour d'appel de Poitiers dans un arrêt du 8 avril 2015 observe que « *la fixation de la prestation compensatoire relève de l'appréciation souveraine du juge du fond, lequel n'est pas lié par des méthodes précises mais par les critères édictés par les dispositions légales.* ». Etant relevé que dans l'ensemble de ces décisions les parties avaient fondé leur demande sur les méthodes empiriques.

déshumanisée de la matière, à une justice standardisée, encadrée, prévisible ;
- celle de Stéphane David qui, plus pragmatique, considère que ces méthodes sont un point de départ, une aide à la décision et à la recherche d'un règlement amiable en dehors et en amont de l'arbitrage judiciaire.
Ce qui est certain, c'est que ces méthodes sont dignes d'intérêt en ce qu'elles résultent d'un travail de réflexion long et fastidieux émanant, de surcroît, de praticiens de droit de la famille.

Plutôt qu'une attitude de rejet total, la solution ne serait-elle pas une acceptation raisonnée et raisonnable des méthodes ?

b. Du bon usage des méthodes

Ces méthodes ont le mérite d'exister et constituent un outil appréciable pour avoir une estimation de ce que devrait être le juste prix de la compensation. Elles ne dispensent pas, bien évidemment, d'une appréciation *in concreto* de chaque situation conjugale, matrimoniale et familiale au regard des critères de l'article 271 du Code civil.
Les chiffres qui vont alimenter ces méthodes résultent tous des critères de ce texte et sont tous sujets à discussion.
Selon que l'on retiendra le vif mariage ou la durée du mariage sans considération de la séparation des époux, selon le taux de rendement appliqué au patrimoine pour en estimer le revenu … on aboutira à des évaluations sans commune mesure les unes avec les autres.

Autant de raisons qui ne justifient pas les craintes de voir le rôle du juge réduit à un calcul purement mathématique.
Quant à certains critères tenant notamment à la cause de la disparité qui, il est vrai, sont difficiles à traduire dans une méthode, ils conduiront à aller en deçà ou au-delà du montant issu de la méthode.

Finalement, le principal et presque seul défaut qu'ont ces méthodes est qu'elles exigent une situation financière et patrimoniale des deux époux parfaitement renseignée. Or, en pratique, il est peu fréquent que les dossiers soient complets au point que l'on connaisse très précisément la consistance et l'évaluation du patrimoine de chaque

époux et du couple. Il est également peu fréquent que l'on dispose d'une évaluation des droits futurs à la retraite des époux, surtout lorsque ces derniers sont encore jeunes.
En conclusion, il apparaît primordial que les époux comprennent la raison d'être de la prestation compensatoire qui n'est pas destinée à sanctionner des fautes mais à compenser le plus objectivement possible la disparité créée par la rupture du mariage.
Le rôle de l'Avocat et du Juge est essentiel afin de dissiper tout malentendu, l'Avocat ayant la responsabilité d'évaluer la situation afin de répondre aux attentes de son client (choix du divorce, expertise des conséquences financières du divorce…) et le Juge ayant la responsabilité de motiver sa décision afin que les parties en comprennent le cheminement intellectuel.

Il en va d'une justice sereine, apaisée et équilibrée.

Les dommages et intérêts et la séparation du couple

Par
Laetitia ANTONINI-COCHIN
Maître de conférences HDR à l'Université Nice Sophia Antipolis
Directrice-adjointe du CERDP
Directrice du Master 2 Droit des responsabilités

et

Laurence PARENT-MUSARRA
Avocat au Barreau de Grasse

1. Compenser, réparer ou indemniser sont des termes bien éloignés du langage courant du couple et du droit de la famille. Pourtant quand vient l'heure de la séparation et du divorce, ces mots résonnent et prennent tout leur sens.
En effet, si la prestation compensatoire permet alors de compenser, de façon objective, la disparité que crée la dissolution du mariage dans les conditions de vie respectives des époux, comme l'a brillamment démontré précédemment Maître Beurgaud.
La question d'une éventuelle réparation des préjudices subis par un membre du couple peut également se poser. Force est de constater que toute rupture peut causer divers préjudices à l'un ou l'autre des intéressés et ce quel que soit le mode de conjugalité. Comme aimait à le souligner le Doyen Georges Ripert « Chacun se crée victime ». Marié ou non, le couple désuni n'échappe pas à l'adage. Mais il n'est pas question d'aborder ici la réparation pour rupture fautive dans le cadre d'un couple non marié. En réalité, c'est à l'aune du seul divorce, que nous avons décidé d'aborder le droit à réparation et la délicate question de l'indemnisation du conjoint[72].

2. En effet, dans cette hypothèse, deux modes d'indemnisation coexistent rendant alors la tâche du praticien plus complexe :
- d'une part, l'article 266 du Code civil aux termes duquel *« Sans préjudice de l'application de l'article 270, des dommages et intérêts*

---

[72] V. notamment sur la question, « Les dommages et intérêts entre époux », Dr. Fam. Juill-Août 2015, Dossier 34.

peuvent être accordés à un époux en réparation des conséquences d'une particulière gravité qu'il subit du fait de la dissolution du mariage soit lorsqu'il était défendeur à un divorce prononcé pour altération définitive du lien conjugal et qu'il n'avait lui-même formé aucune demande en divorce, soit lorsque le divorce est prononcé aux torts exclusifs de son conjoint »,

- d'autre part, l'article 1382 du Code civil disposant que *« Tout fait quelconque de l'homme, qui cause à autrui un dommage, oblige celui par la faute duquel il est arrivé à le réparer ».*

Ainsi, en la matière, au droit commun de la responsabilité civile délictuelle vient s'ajouter une disposition spécifique du droit du divorce, tous deux empreints d'une indéniable vertu moralisatrice à la différence de la prestation compensatoire. L'objectivisation et la pacification du divorce voulues par le législateur en 2004 n'ont en réalité pas complètement balayé toute prise en compte du comportement de l'un des époux et toute idée de culpabilité.

3. Cependant cette dualité de fondement à la réparation suscite inévitablement des difficultés d'application. Faux amis, ces deux modes de réparation se confondent parfois dans la pratique à tel point qu'une délimitation stricte de chacun paraît nécessaire. De la même façon, leur mise en oeuvre procédurale s'avère le plus souvent délicate ajoutant alors à l'impression de confusion générale. Il suffit pour s'en rendre compte de lire quelques décisions de justice, voire quelques conclusions d'avocats.

Aussi, faut-il admettre, dans un objectif de lisibilité et d'efficacité, qu'un effort de clarification des deux modes d'indemnisation s'avère nécessaire (I) mais aussi et surtout faut-il souhaiter une rationalisation de leur mise en œuvre procédurale (II) pour que de faux-amis, les articles 266 et 1382 du code civil deviennent simplement de bons et loyaux amis.

I. Une clarification nécessaire des modes d'indemnisation

4. Le droit positif offre ainsi deux fondements textuels à l'octroi de dommages et intérêts dans le cadre d'un divorce : l'article 266 du

Code civil et l'article 1382 du même code. De cette coexistence naît parfois une impression de doublon. Certains seraient alors tentés de considérer que « *Trop de sources d'indemnisation tueraient l'indemnisation* ».
Il convient donc, pour dissiper une telle impression, de délimiter précisément les domaines respectifs de chaque mode d'indemnisation, qu'il s'agisse de la réparation spécifique au divorce (A) ou de celle résultant du droit commun (B) démontrant alors toute leur légitimité.

A. L'article 266 du Code civil : une réparation spécifique au divorce

5. L'article 266 est un texte précis sans doute en raison de son caractère spécial. Doté d'un domaine limité (a), il obéit à des conditions d'application restrictives (b).

a. Un domaine limité

6. L'application de l'article 266 est cantonnée en pratique à deux hypothèses. L'octroi de dommages et intérêts peut ainsi être accordé à un époux :
- soit, et c'est ici une nouveauté de la loi du 26 mai 2004, lorsqu'il est défendeur à un divorce prononcé pour altération définitive du lien conjugal et qu'il n'avait lui-même formé aucune demande en divorce ;
- soit, lorsque le divorce est prononcé aux torts exclusifs de son conjoint.

La qualité de victime et le type de divorce sont donc bien délimités.
Dès lors et *a contrario*, il faut admettre qu'aucune demande en indemnisation sur le fondement de ce texte ne saurait être exercée dans les autres types de divorce : divorce par consentement mutuel, divorce accepté voire en cas de divorce aux torts partagés. En effet, dans cette dernière hypothèse, aucun des époux ne pourrait solliciter la réparation résultant de la dissolution du lien conjugal qu'il a contribué à rompre[73].

---

[73] Dans ce sens, v. Cass. 1re civ., 1re, 25 oct. 2005, n° 04-12234 : viole par fausse application l'article 266 (dans sa rédaction antérieure à la loi de 2004) la décision qui, après avoir prononcé le divorce aux torts partagés des deux époux, condamne le mari à des dommages et intérêts sur le fondement de ce texte, en réparation du préjudice occasionné par la rupture du lien matrimonial.

À un domaine d'application volontairement limité, viennent s'ajouter des conditions restrictives.

b. Des conditions restrictives

7. Les exigences légales sont clairement énoncées : « *Des dommages et intérêts peuvent être accordés à un époux en réparation des conséquences d'une particulière gravité qu'il subit du fait de la dissolution du mariage* ».
En d'autres termes, deux conditions sont ici nécessaires :
- en premier lieu, un fait générateur, en l'occurrence, la dissolution du mariage ;
- en second lieu, un préjudice.
Si la première condition n'appelle pas de remarque particulière, la notion de préjudice réparable, au sens de l'article 266 du Code civil, appelle au contraire deux précisions.

8. Le texte exige, tout d'abord, un préjudice caractérisé par des conséquences d'une particulière gravité. Or, que faut-il entendre par cette formulation, issue de la loi du 26 mai 2004 ?
Faute de définition légale ou encore d'équivalent dans le droit de la responsabilité civile, l'exigence d'une particulière gravité apparaît comme une notion purement prétorienne qui implique le plus souvent un jugement de valeur de la part des magistrats pour déterminer ce qui relève ou non d'une exceptionnelle gravité.
À la lecture de la jurisprudence, différents éléments sont pris en compte pour caractériser le préjudice d'une exceptionnelle gravité.
- Tel est le cas des convictions religieuses de l'époux demandeur. Ainsi, par exemple, il a été jugé que le divorce imposé à une personne catholique pratiquante, engagée dans des mouvements d'Église, pour qui le divorce implique l'impossibilité de se remarier cause un préjudice d'une exceptionnelle gravité[74].

---

[74] Paris, 10 sept. 2008, n° 08/03301 : l'épouse justifie avoir subi des conséquences d'une particulière gravité du fait de la dissolution du mariage compte tenu de la durée de celui-ci et de ses convictions religieuses ; Paris, 26 févr. 2015, n° 13/11805, JurisData n° 2015-003791: une réparation a été accordée à l'époux victime en raison de son attachement religieux, déduit en l'espèce de l'adhésion à une association confessionnelle.

- La durée du mariage est également prise en compte, le choc consécutif au divorce étant d'autant plus important lorsque l'union a duré longtemps[75].
- L'âge de la victime constitue en outre un élément d'appréciation important. Il a notamment été jugé que « *L'abandon moral d'une femme âgée de 60 ans, qui, après avoir subi de nombreuses épreuves, doit continuer son insertion professionnelle alors qu'elle aurait pu espérer enfin avoir une vie plus sereine en compagnie de son époux, les enfants communs étant devenus majeurs, caractérise ainsi une circonstance d'une particulière gravité au sens de l'article 266* »[76].
- Enfin, l'état de santé de l'époux victime pourra être retenu[77].

En tout état de cause, dans tous les cas, les juges procèdent à une appréciation *in concreto* du préjudice. Il a par exemple été décidé « *Que le divorce intervenu dans un pays dont l'épouse n'est pas native et où elle n'a pas sa famille lui cause un préjudice réel et renforcé qui justifie des dommages-intérêts sur le fondement de l'article 266* »[78] . De la même façon, il a été considéré « *Que le fait pour une femme d'avoir subi une grave dépression liée à la rupture en raison du bouleversement de ses conditions de vie justifiait l'octroi de dommages et intérêts* »[79].

L'analyse de la jurisprudence se révèle donc particulièrement instructive. Force est de constater que le préjudice d'une particulière

---

[75] Toulouse, 20 janv. 2015, n° 13/00856, JurisData n° 2015-004607. Des dommages et intérêts ne sauraient ainsi être exigés lorsque la communauté de vie n'a duré que 5 jours et qu'il n'y a eu aucun projet tangible entre les époux.

[76] Orléans 10 mars 2015 n° 13/03760, JurisData n° 2015-007026.

[77] Pour des exemples, cf les arrêts inédits cités par D. Piwnica, « Les dommages et intérêts de l'article 266 du code civil après la loi du 26 mai 2004, » JCP éd. G 2009, 405 : Paris, 11 sept. 2008 « La dissolution du mariage a pour l'épouse des conséquences d'une particulière gravité dès lors qu'elle se trouve désormais seule, devant affronter une grave maladie, avec un enfant mineur à charge. » ; Paris, 7 mai 2008 : « Le prononcé du divorce aux torts exclusifs du mari ne peut qu'avoir pour l'épouse, après 56 ans de mariage et alors qu'elle est âgée de 76 ans et de surcroît invalide, des conséquences d'une particulière gravité ».

[78] Paris, 20 févr. 2008 JurisData n° 2008-356143.

[79] Paris 15 janv. 2009, n° 08/07520. En l'espèce, l'épouse victime se trouvait privée du milieu artistique dans lequel elle évoluait depuis son mariage, le mari étant artiste dramatique et marionnettiste. V. également, Cass. 1re civ., 12 sept. 2012, n° 11-12140. La Cour de cassation a retenu un préjudice d'une particulière gravité au bénéfice du mari, préjudice causé par les conséquences du départ de la femme du domicile (cinq ans à s'occuper de deux enfants dont un a des troubles de la personnalité et sacrifice de carrière).

gravité doit en réalité correspondre à un préjudice personnel à l'époux l'atteignant dans son équilibre personnel[80]. Il appartient aux juges du fond de le caractériser sous le contrôle rigoureux de la Cour de cassation qui n'hésite pas le cas échéant à sanctionner un défaut de motivation[81].

9. Une fois caractérisé, le préjudice réparable peut alors être de différentes natures.

Faute de distinction dans le texte actuel, il faut admettre qu'aucun type de préjudice ne doit être exclu. Peu importe qu'il s'agisse d'un préjudice moral ou matériel.

L'indemnisation du préjudice moral sur le fondement de l'article 266 du Code civil est admise sans difficulté. Il suffit pour s'en rendre compte de citer deux exemples :

- la Cour d'appel de Paris a ainsi considéré comme réparable le préjudice moral subi pour l'épouse gravement malade, atteinte d'une maladie évolutive et âgée de 66 ans, qui ne peut désormais plus compter sur son mari pour l'assister dans sa vie quotidienne et doit recourir aux services de tiers[82] ;
- de la même manière, la Cour d'appel d'Orléans a retenu le préjudice moral subi par une femme traitée pour état dépressif réactionnel en insistant sur le fait qu'elle avait démissionné de son emploi pour suivre son mari, qui l'a quittée deux mois plus tard, alors qu'elle était de surcroît enceinte de leur second enfant, et en ajoutant qu'il lui avait demandé de quitter le domicile conjugal pour s'y installer avec sa maîtresse[83].

---

[80] Pour exemple, v. Rouen 21 mars 2013, n° 12/00187, JurisData n° 2013-006035, Dr. Fam. 2013, comm. J-R. Binet. En l'espèce a été retenue la dépression subie par l'époux victime entrainant une perte de lien social et de l'activité professionnelle.

[81] Cass. 1re civ., 19 mars 2014, n° 13-14790 : « Violation de l'article 266 par la cour d'appel qui retient ce texte jugeant d'une particulière gravité le fait pour le mari d'avoir une maîtresse avant l'ordonnance de non- conciliation, ce qui a participé d'une dégradation des relations entre époux, ceci ne caractérisant pas un préjudice d'une particulière gravité ». Dans le même sens, Cass. 1re civ., 1er Juillet 2009, n° 08-17825, *Bull. civ.* I, n° 145 : « Défaut de base légale pour la décision de la cour d'appel qui décide que le départ du mari après 39 ans de vie commune a entrainé un préjudice moral pour celle-ci, alors que de tels motifs sont insuffisants à caractériser les conséquences d'une particulière gravité subie par l'épouse du fait de la rupture du mariage ».

[82] Paris, 9 sept 2010, Dr. fam. 2010 n° 183.

[83] Orléans, 17 févr. 2015 n° 13/01850, JurisData n° 2015-003874.

Il n'y a pas non plus d'obstacle théorique à admettre la réparation d'un préjudice matériel. Toutefois, il faut ici bien distinguer les dommages et intérêts et la prestation compensatoire. Même si les deux compensations financières peuvent parfaitement se cumuler, elles ne sauraient se confondre. Ce qui peut parfois susciter des problèmes d'articulation[84]. La jurisprudence est évidemment très attentive à cette distinction et refuse par conséquent de donner suite à la demande fondée sur le fondement de l'article 266 du Code civil dès lors que la disparité de situation sur le plan économique a vocation à être compensée par la prestation compensatoire[85]. Ainsi comme l'a relevé la Cour d'appel de Paris, la diminution des ressources de l'un des conjoints, même dans de sensibles proportions, et le fait de devoir se loger dans des conditions plus restreintes, ne constituent pas des conséquences d'une particulière gravité attachées à la dissolution du lien matrimonial[86].
En d'autres termes, les dommages et intérêts ont vocation à réparer tout ce qui n'est pas disparité.[87] Le seul moyen d'obtenir réparation d'un préjudice matériel est donc de justifier d'un préjudice spécifique, qui va au-delà de la simple disparité dans les conditions de vie. Tel sera le cas par exemple lorsque la victime doit vivre avec les enfants dans des conditions difficiles[88], si ceux-ci sont malades [89] ou encore si elle justifie d'une situation de santé fortement dégradée, telle qu'une sclérose en plaques dégénérative conduisant à une perte d'autonomie[90].

10. En définitive, force est d'admettre que la dissolution du mariage peut causer des préjudices tant matériels que moraux à un époux voire les deux en même temps. Aussi, sont-ils tous réparables sur le

---

[84] V. *infra* n° 20 et s.
[85] Douai, 2 avr. 2015, n° 14/04441, JurisData n° 2015-007631.
[86] Paris, 9 avr. 2015, n° 13/18059, JurisData n° 2015-007842. V. également, Rennes, 28 avr. 2015, n° 14/01806, JurisData n° 2015-011468. Les juges du fond ont considéré que l'épouse qui dispose d'une activité professionnelle rémunératrice en qualité de professeur d'anglais et du soutien de sa famille, sans justifier d'un préjudice supplémentaire, ne peut voir sa demande en réparation accueillie.
[87] V. dans ce sens, P. J. Claux et S. David, « Dommages et intérêts », *in* Droit et pratique du divorce, Dalloz, 3ème éd., spéc. n° 217-72.
[88] Poitiers, 25 févr. 2015, n° 14/01081, JurisData n° 2015-005344.
[89] Orléans, 10 mars 2015, n° 13/03760, JurisData n° 2015-007026.
[90] Metz, 17 févr. 2015, n° 13/02432, n° 15/0005, JurisData n° 2015-006236.

fondement de l'article 266 du Code civil en vertu du principe de réparation intégrale et ce indépendamment des ressources des époux. La réparation se fait alors en numéraire sous forme de capital ou de rente (par exemple pour régler un traitement médical ou un loyer). La possibilité d'une réparation en nature, sous la forme de l'attribution d'un bien, semble au contraire exclue par la Cour de cassation[91].
En tout état de cause, faut-il rappeler que l'action fondée sur le fondement de l'article 266 du Code civil doit être exercée à l'occasion du divorce[92]. Une telle demande est possible en cause d'appel dès lors que le principe du divorce n'est pas acquis[93].
Dans tous les cas, les dommages et intérêts alloués sur le fondement de l'article 266 du code civil ne sont pas révisables, tout au plus pourrait-on admettre une augmentation accordée après le prononcé du divorce lorsque le préjudice s'est aggravé[94].

Dotée d'un domaine d'application volontairement limité par le législateur et la Cour de cassation, qui exerce en la matière un contrôle rigoureux, la réparation spécifique au divorce n'exclut pas le recours au droit commun de la responsabilité civile.

B. L'article 1382 du Code civil : une réparation de droit commun

11. Solution prétorienne, l'application de l'article 1382 du Code civil dans le cadre du divorce a toujours été admise. La réforme du divorce en 2004 n'a pas écarté ce principe à valeur constitutionnelle. La Cour de cassation a d'ailleurs eu l'occasion de confirmer à de nombreuses reprises cette solution considérant sous forme de principe qu'« *un*

---

[91] Civ. 2ème, 27 janv. 1993, n° 91-14839. *Contra* P.-J. Claux et S. David (*op. cit.* n° 217-42) favorables à l'admission de ce mode de réparation et spécialement à l'attribution d'un droit démembré de propriété limité dans le temps.
[92] L'action est donc irrecevable lorsque la décision de divorce est devenue définitive et l'action en divorce éteinte.
[93] Cass. 1re civ., 12 juin 2014, n° 13-15828. Mais, conformément au droit commun de la procédure civile, un époux serait irrecevable à interjeter appel d'un jugement ayant accueilli toutes ses demandes uniquement pour demander des dommages et intérêts non sollicités en première instance. V. dans ce sens, Cass. 2ème civ., 19 nov. 1980, n° 78-13908
[94] Par exemple, si l'état de santé de l'époux victime empirerait consécutivement au divorce ; cf. sur ce point P.-J. Claux et S. David, *op. cit.* n° 217-232.

époux est responsable du préjudice causé à son conjoint par un fait distinct de la dissolution du mariage »[95].

Bénéficiant ainsi d'un large domaine d'application (a), cette possibilité d'indemnisation n'échappe pas aux exigences classiques de la responsabilité du fait personnel (b).

a. Un large domaine d'application

12. À la différence de l'article 266 du Code civil, l'article 1382 peut être invoqué en principe dans tous les types de divorce. Même s'il connaît son domaine de prédilection dans le cadre d'un divorce pour faute, qu'il soit prononcé aux torts exclusifs ou aux torts partagés[96], il peut donc être appliqué dans un divorce pour altération définitive du lien conjugal[97] voire un divorce accepté.

Son recours dans le cadre d'un divorce par consentement mutuel reste toutefois plus discuté tant en pratique qu'en doctrine. Procédure gracieuse par nature, le divorce consenti s'accommoderait mal avec l'octroi de dommages et intérêts pour certains auteurs [98].

Pour autant, rien ne semble interdire expressément le recours au droit commun de la responsabilité civile. En effet, il n'est pas rare qu'en pratique les accords dissimulent souvent des situations fautives, qui inavouées au juge ou aux conseils, trouvent leur traduction dans l'allocation de dommages et intérêts conventionnels. De la même manière, les dommages et intérêts peuvent parfois servir dans le cadre d'un divorce consenti à compenser partiellement ou totalement une soulte due au titre du partage des biens indivis ou communs des époux. Mais de telles hypothèses restent sans doute marginales et ne doivent peut-être pas être encouragées[99].

---

[95] Cass. 1re civ., 7 déc. 2011, n° 11-11273.

[96] Dans ce sens, v. Cass. 1re civ., 12 juin 2013, n° 12-18211 : cassation de l'arrêt qui décide que le prononcé du divorce aux torts partagés est exclusif de dommages et intérêts, alors que chacun des époux peut demander, dans les conditions de droit commun, la réparation d'un préjudice distinct de celui résultant de la dissolution du mariage.

[97] Pour un exemple, Nîmes 31 oct. 2007, RG n° 06/01796.

[98] Cf. dans ce sens J. Massip, « Le nouveau droit du divorce », Defrénois 2005, n° 161.

[99] V. dans ce sens, P.-J. Claux et Stéphane David, *op. cit.* spéc. n° 217-252.

Ouverte à tous les cas de divorce, la réparation du conjoint sur le fondement de l'article 1382 du Code civil doit alors obéir aux conditions classiques de la responsabilité civile.

b. Des conditions classiques

13. Faut-il réellement rappeler les termes de l'article 1382 du Code civil, texte emblématique de la responsabilité du fait personnel[100], appelé d'ailleurs à devenir l'article 1240 du Code civil par l'effet de l'ordonnance du 10 février 2016 portant réforme du droit des contrats, du régime général des obligations et de la preuve des obligations[101].
Les conditions de la réparation sont bien connues de chacun d'entre nous. La traditionnelle trilogie est exigée : faute, dommage et lien de causalité. Toutefois seules les deux premières exigences nous intéressent particulièrement dans le cadre du divorce.

14. En premier lieu, et fort logiquement, une faute est nécessaire. Mais alors de quelle faute s'agit-il ?
De façon générale, la faute civile, source de responsabilité au sens de l'article 1382 du Code civil, n'est pas la faute cause de divorce. Cette différence est essentielle même si elle est parfois subtile et mal maîtrisée en pratique. Le droit commun n'exige pas une faute qualifiée, à la différence de la faute de l'article 242 du Code civil. La faute n'a donc pas besoin d'être grave ou renouvelée, ni de rendre intolérable le maintien de la vie commune.
En réalité, la faute, source de dommages et intérêts, doit rendre compte d'un comportement répréhensible, c'est-à-dire particulièrement blessant et injurieux pour l'époux victime. La lecture des décisions de justice révèle que ce sont généralement les circonstances qui sont à l'origine de la séparation, et ce quelle que soit la forme de divorce empruntée, qui vont constituer la faute au sens de l'article 1382. Plus précisément, dans le cadre d'un divorce pour faute, le juge s'attachera ici aux circonstances qui entourent la faute à l'origine du divorce.

---

[100] *« Tout fait quelconque de l'homme, qui cause à autrui un dommage, oblige celui par la faute duquel il est arrivé à le réparer ».*

[101] Ordonnance n° 2016-131 du 10 février 2016 portant réforme du droit des contrats, du régime général et de la preuve des obligations, JORF n° 0035 du 11 février 2016.

- Ainsi, pour justifier le versement de dommages et intérêts, l'adultère, faute cause du divorce, est par exemple souvent combiné à une autre faute, telle que la violence[102].
Il peut également revêtir un degré de gravité qui le distingue de la relation extra-conjugale « classique ». Tel sera le cas notamment si cette relation a conduit à la naissance d'un enfant[103]. La multiplicité et la durée des relations libertines de la femme ou l'attitude de l'époux qui a entretenu des relations avec des prostituées rencontrées sur internet et s'est vanté d'avoir eu avec elles des relations non protégées ont également été retenues par les juges[104].
De la même façon, l'exposition publique de l'adultère constitue un élément caractéristique d'une faute civile justifiant le déclenchement de 1382 du Code civil[105]. Tel est le cas lorsque le mari a une relation affichée avec une commerçante travaillant dans les mêmes halles que les conjoints[106], lorsque les époux vivent dans un petit village dans lequel la femme bafouée a la qualité d'élue [107] ou encore en cas d'affichage de la relation sur la page Facebook[108]. Enfin, la Cour de cassation a accordé des dommages et intérêts à un époux en raison du caractère particulièrement injurieux de la liaison adultère publiquement affichée par son épouse ainsi que l'internement d'office dont il avait fait l'objet à la demande de cette dernière[109].
- À l'instar de l'adultère, l'alcoolisme de l'époux peut aussi justifier le versement de dommages et intérêts s'il a des conséquences particulièrement graves pour le conjoint[110].

---

[102] V. en ce sens Aix-en-Provence, 16 déc. 2014, n° 14/05664, JurisData n° 2014-031493.
[103] Poitiers, 25 févr. 2015, n° 14/01000, JurisData n° 2015-005338, naissance de plusieurs enfants issus de maîtresses différentes.
[104] Toulouse, 3 mars 2015, n° 13/05591, JurisData n° 2015-011248 ; Versailles, 15 janv. 2015, n° 13/04231, JurisData n° 2015-002328.
[105] Paris, 31 mars 2015, n° 13/03458, JurisData n° 2015-007496 ; Douai, 19 mars 2015, n° 14/02074 : JurisData n° 2015-010918.
[106] Agen, 23 avr. 2015, n° 12/00974, JurisData n° 2015-009696.
[107] Douai, 18 déc. 2014, n° 13/06719, JurisData n° 2014-032276.
[108] Bordeaux 24 mars 2015, n° 14/01748, JurisData n° 2015-006578 ; Limoges, 30 mars 2015, n° 14/00458, JurisData n° 2015-007235 (publicité donnée aux démarches du mari sur un site de rencontres).
[109] Cass. 1re civ., 11 fév. 2009, n° 08-12032, Dr. Fam. 2009, comm. 25, V. Larribau-Terneyre.
[110] Douai, 30 avr. 2015, n° 14/02905, JurisData n° 2015-009979, alcoolisation massive et ancienne qui a conduit le mari à quitter son emploi et à être interpellé ;

- Enfin, l'abandon de famille constitue un élément déterminant de la constitution de la faute civile tout comme le contexte de la rupture. L'état de faiblesse, matériel ou moral, du conjoint délaissé est ainsi pris en compte. C'est le cas notamment lorsque la femme a été abandonnée alors que le couple était engagé depuis plusieurs années dans un processus d'adoption après l'échec de nombreuses tentatives pour la conception d'un enfant[111]. Dans une telle hypothèse, l'abandon du domicile conjugal a certes constitué la faute, cause de divorce, mais ce sont bien les circonstances morales et matérielles de l'épouse délaissée qui ont, elles seules, justifié l'application de l'article 1382 du Code civil.
Dans tous les cas cités, le texte de droit commun joue ainsi parfaitement son rôle de moralisateur en sanctionnant la faute commise par l'époux. Mais la faute n'est pas la seule exigence légale.

15. En second lieu, l'existence d'un dommage, distinct de la rupture du lien matrimonial, est exigée[112].
Quelle que soit sa nature, tout préjudice subi par l'époux victime est réparable sans qu'il soit ici nécessaire de justifier d'une particulière gravité. Différents postes de préjudice, pour reprendre une terminologie bien connue en responsabilité civile, sont dès lors indemnisés en pratique.
- d'une part, le préjudice matériel. Est ainsi réparable la destruction des biens du conjoint[113]. De même, constitue un préjudice matériel réparable la radiation par le mari de sa femme de sa mutuelle alors qu'elle avait de sérieux problèmes de santé [114] ou encore sera

---

Rennes, 16 déc. 2014, n° 13/07746, JurisData n° 2014-032285, alcoolisme ancien et chronique conduisant le père à terroriser l'enfant.

[111] Rennes, 28 avr. 2015, n° 14/01806, JurisData n° 2015-011468. Rappr. Chambéry, 28 avr. 2015, n° 14/00463, JurisData n° 2015-009552, départ du mari du domicile conjugal alors que le couple venait d'accueillir une enfant placée par l'Aide sociale à l'enfance.

[112] Cass. 1re civ., 5 janv. 2012, n° 10-23.411 : Violation de l'article 1382 par la cour d'appel qui rejette la demande de dommages et intérêts formée par l'épouse aux motifs qu'elle ne démontre aucune autre faute de la part de son ex-mari que celle ayant justifié le divorce, alors que la cour d'appel aurait dû rechercher si cette faute avait causé un préjudice distinct de celui résultant de la dissolution du mariage.

[113] Douai, 5 févr. 2015, n° 13/06058, JurisData n° 2015-002201 : destruction de matériel suite à l'irruption de l'épouse dans le cabinet médical du mari.

[114] Douai, 2 avr. 2015, n° 14/02699, JurisData n° 2015-007873.

indemnisé le préjudice matériel subi par une épouse algérienne laissée sans aucun papier, ni argent par son mari avec sa fille[115] ;
- d'autre part, le préjudice moral subi par l'époux est réparable quel qu'il soit. Toute atteinte à l'intégrité morale est indemnisée. Tel est le cas en présence de harcèlement[116], d'injures ou de vexations subis par le conjoint[117]. De la même façon, une réparation est accordée au mari au titre du préjudice moral subi en raison de l'adultère de l'épouse, établi par la naissance d'un enfant issu de sa liaison, et qui était restée au domicile conjugal pendant toute sa grossesse[118] ;
- enfin, le préjudice corporel est également indemnisé en présence de violences isolées ou répétées de l'époux[119].

Dans certains cas, tous les préjudices sont d'ailleurs constatés appelant alors réparation au nom du principe de la réparation intégrale[120]. En tout état de cause, quelle que soit sa nature, il appartiendra au magistrat d'évaluer le préjudice réparable, et ce indépendamment des torts des époux[121] et de déterminer le mode de réparation adéquate (capital, rente ou en nature).

Précisons qu'à la différence de l'article 266, l'action en dommages et intérêts exercée sur le fondement de l'article 1382 du Code civil peut être introduite indépendamment de toute action en divorce. Elle peut donc être exercée pendant le mariage, ce qui reste rare, ou surtout après le prononcé du divorce. Une indemnisation pourrait même être allouée dans un jugement refusant le divorce[122].

---

[115] Lyon, 3 mars 2015, n° 14/01392, JurisData n° 2015-006740.

[116] Paris, 7 mai 2015, n° 13/18375, JurisData n° 2015-010904, harcèlement du mari qui a diffusé des photographies de son épouse posant nue sur internet et les a envoyées par mail à plusieurs personnes.

[117] Orléans, 17 fév. 2015, n° 13/01850, JurisData n° 2015-003874: liaison du mari avec une amie d'enfance de la femme ; Paris 5 fév. 2015, n° 13/10874, JurisData n° 2015-001840 : liaison du mari avec la nièce par alliance de sa femme.

[118] Paris 25 mars 2010, n° 08/18288, JurisData n° 2010-013679.

[119] Chambéry 20 janv. 2015, n° 14/00013, JurisData n° 2015-006747 en présence de violences isolées ; Douai, 2 avr. 2015, n° 14/04746, JurisData n° 2015-007629, en cas de violences subies pendant 36 ans.

[120] Cass. 1re civ., 22 mars 2005, n° 04-11942. Ont été réparés en l'espèce, les préjudices causés par un adultère affiché publiquement, assorti de coups et blessures et d'un congédiement sans lettre de licenciement.

[121] Le montant des dommages et intérêts ne saurait être modéré en fonction des torts des époux dans le divorce car cela reviendrait bien évidemment à nier le principe de la réparation intégrale.

[122] Cass. 1re civ., 24 janv. 1990, n° 87-17785

Ainsi si une clarification, souvent menée par la Cour de cassation, est nécessaire pour éviter toute confusion entre les deux textes[123], il n'en reste pas moins que la dualité d'indemnisation reste difficile voire délicate à mettre en œuvre sur le plan procédural rendant souhaitable un effort de rationalisation.

II. Une rationalisation souhaitée de la mise en oeuvre des modes d'indemnisation

16. Rationnaliser la mise en œuvre des modes d'indemnisation d'un époux suppose en réalité de faire preuve d'une plus grande rigueur procédurale en pratique (A) mais cela suppose sans doute également une meilleure articulation des dommages et intérêts avec la prestation compensatoire (B).

A. Une exigence de rigueur procédurale

17. La Cour de cassation n'hésite pas à rappeler quelques directives essentielles pour la mise en œuvre procédurale des articles 266 et 1382 du Code civil. Si certaines sont destinées aux avocats (a), d'autres s'adressent aux juges du fond (b).

a. De la part des avocats

18. Il ne suffit pas d'invoquer un préjudice pour obtenir réparation dans le cadre du divorce. La matière est très technique. Aussi, quelques consignes peuvent être adressées aux avocats les invitant à plus de rigueur. Elles pourraient être formulées ainsi :
- tout d'abord : **préciser le fondement de la demande, tu feras**.
En effet, en l'absence de fondement, la demande en dommages et intérêts sera jugée au regard de l'article 1382 du Code civil. La Cour de cassation a ainsi eu l'occasion de rappeler que « *Viole l'article 12 du Code de procédure civile la cour d'appel qui rejette une demande de dommages et intérêts formée par le mari, en raison des adultères multiples et des mensonges répétés de sa femme, alors qu'en l'absence de toute précision dans les conclusions sur le fondement de*

[123] Cass.1re civ., 18 janv. 2012, n° 11-10.959 : « Les dommages et intérêts de l'article 266 réparent le préjudice causé par la rupture du lien conjugal, tandis que ceux prévus par l'article 1382 réparent celui résultant de toute autre circonstance ».

la demande, il fallait examiner celle-ci au regard des dispositions de l'article 1382 »[124].

- ensuite : **invoquer le bon fondement, tu devras.**

Une telle exigence paraît certes évidente mais l'analyse de la jurisprudence révèle parfois des erreurs de fondement préjudiciable à l'époux victime. Deux exemples édifiants méritent d'être cités. Dans le premier, une épouse humiliée et insultée par son époux et sa belle-famille, mais aussi séquestrée et molestée pour être emmenée de force au Maroc, n'a pas pu obtenir réparation de son préjudice dans la mesure où sa demande avait été fondée exclusivement et expressément sur l'article 266 du Code civil. En l'espèce, sans doute y a-t-il eu une erreur d'appréciation et de qualification de la part de l'avocat[125] car de tels préjudices auraient certainement été réparés sur le fondement de l'article 1382 du Code civil.

Dans le second exemple, une épouse fait état du comportement violent de son mari l'ayant conduit, lors d'une énième dispute, à répondre, à l'ultime provocation de ce dernier, qui lui avait versé du white spirit sur le corps en se mettant elle-même le feu. Or, en l'espèce, si le divorce a été prononcé aux torts exclusifs de l'époux, la demande en dommages et intérêts de l'épouse victime, fondée sur l'article 266 du Code civil, n'a pas été accueillie dans la mesure où elle n'établissait pas subir des conséquences d'une particulière gravité du fait de la dissolution du mariage. Une fois encore, une erreur de fondement peut être avancée. L'épouse invoquait ici un préjudice étranger à la rupture du lien conjugal résultant des violences physiques et morales de son mari qui était réparable sur le fondement du droit commun[126].

- En outre, **cumuler les fondements, tu pourras.**

Rien n'interdit de cumuler les deux fondements puisqu'ils réparent des préjudices distincts. La règle *« Specialia generalibus derogant »* n'a pas vocation à s'appliquer ici. Comme le rappelle la Cour de cassation, l'article 1382 du Code civil n'a pas une vocation subsidiaire et peut donc toujours s'appliquer aux côtés de l'article 266[127].

---

[124] Cass. 1re civ., 26 juin 2013, n° 12-14.463.

[125] Montpellier, 7 janv. 2015, n° 14/03205, JurisData n° 2015-003164.

[126] Montpellier 29 oct. 2014, n° 13/07698, JurisData n° 2014-026354.

[127] Cass. 1re civ., 11 janv. 2005, n° 02-19016 : cassation par la cour d'appel qui a écarté le droit commun au motif que les conditions d'application du texte spécial étaient réunies. V. également dans ce sens, Cass. 1re civ, 9 déc. 2003, n° 02-12245.

- Enfin : **hiérarchiser les demandes, tu éviteras**.
Si les deux fondements légaux peuvent être invoqués simultanément pour réparer des préjudices différents, ils ne sont pas interchangeables. La hiérarchie des demandes reste donc dangereuse. En effet, si le demandeur hiérarchise ses demandes en une demande principale et une demande subsidiaire, il ne peut y avoir deux condamnations mais une seule : celle résultant de la demande accueillie. L'avocat doit donc bien veiller à la formulation des demandes de dommages et intérêts faites sur le double fondement des articles 266 et 1382 du Code civil. Ainsi la Cour de cassation a-t-elle rappelé que lorsque le demandeur forme une demande principale sur l'article 266 et une demande subsidiaire sur l'article 1382, les demandes sont alternatives et non cumulatives[128]. En l'espèce, non seulement les avocats l'avaient oublié mais également les juges du fond. En effet, en accordant 8 000 € sur le fondement de l'article 266 à l'épouse victime de violences, la cour d'appel ne pouvait ajouter 2 000 € au titre de l'article 1382 sans méconnaître l'objet du litige et sans violer l'article 4 du code de procédure civile.

Cette dernière décision démontre que les avocats ne sont pas les seuls à devoir faire preuve de rigueur, les juges du fond sont également appelés à plus de rigueur dans l'application des modes d'indemnisation dans le cadre du divorce.

b. De la part des juges du fond

19. Le juge, faut-il le rappeler, est lié par l'objet du litige. Dès lors, il doit respecter deux préceptes comme n'hésite pas à le rappeler la Haute juridiction à l'occasion de nombreux arrêts de cassation disciplinaire.
- En premier lieu, il ne saurait y avoir de condamnation sans fondement.
Les juges du fond ne peuvent accorder des dommages et intérêts sans préciser sur quel fondement ils se déterminent. Ainsi par exemple, la Cour de cassation a-t-elle censuré, pour défaut de base légale au regard des articles 266 et 1382 du Code civil, la décision des juges du

---

[128] Cass. 1re civ., 19 déc. 2012, n° 11-27.410.

fond qui condamne le mari à 1 500 € de dommages et intérêts sans préciser le fondement sur lequel la condamnation a été prononcée[129]. De la même manière, les juges du fond ne peuvent pas indemniser l'un des époux en visant indistinctement les deux textes[130].
- En second lieu, il ne saurait y avoir de modification de fondement. La Haute juridiction a en effet estimé, dans un arrêt du 9 janvier 2007, qu'en condamnant un mari à des dommages et intérêts sur le fondement de l'article 266 du Code civil en retenant que la dissolution du mariage avait causé à l'épouse un préjudice moral alors que celle-ci demandait la réparation d'un préjudice distinct de celui résultant de la rupture du lien matrimonial lié au comportement du mari, la cour d'appel a modifié l'objet du litige[131]. Plus récemment, il a également été reproché à une cour d'appel de condamner sur le fondement de l'article 1382 du Code civil alors qu'elle n'était saisie que sur le fondement de l'article 266 du même code[132].

20. Force est donc de constater que la rigueur doit commander la formulation des demandes de dommages et intérêts et les décisions des magistrats. Le plaideur et son conseil doivent bien réfléchir au fondement qu'ils invoquent. Mais il ne suffit pas de bien distinguer les deux modes d'indemnisation encore faut-il les articuler le cas échéant avec la prestation compensatoire.

B. Une meilleure articulation avec la prestation compensatoire

21. L'autonomie des dommages et intérêts de l'article 266 par rapport à la prestation compensatoire est clairement affirmée par le législateur. En effet, l'article 266 du Code civil précise expressément que *« sans préjudice de l'application de l'article 270, des dommages-intérêts peuvent être accordés à un époux, en réparation des conséquences d'une particulière gravité qu'il subit du fait de la*

---

[129] Cass. 1re civ., 3 déc. 2008, n° 07-14.609. Dans le même sens, v. également, Cass. 1re civ., 5 nov. 2008, n° 07-15.718 (cassation, pour défaut de base légale) ; Cass. 1re civ., 1re, 21 sept. 2005, n° 04-11.800, (cassation pour défaut de base légale, la cour d'appel a visé un préjudice moral, mais sans précision textuelle).
[130] Paris 21 mai 2008, RG n° 07/14009. La cour d'appel a alloué, en l'espèce, sur le fondement des articles 266 et 1382 du code civil, 2500 euros de dommages et intérêts à l'épouse sans viser distinctement le fondement de la condamnation.
[131] Cass. 1re civ., 9 janv. 2007, n° 06-10871.
[132] Cass. 1re civ., 6 mars 2013, n° 12-12338.

dissolution du mariage... ». Ainsi, dans un même divorce, une prestation compensatoire peut être allouée et des dommages et intérêts peuvent être ordonnés. L'une n'exclut pas l'autre. Ce cumul paraît d'autant plus légitime que ces deux versements pécuniaires n'ont pas le même objectif.

Déterminée de manière objective, la prestation compensatoire est destinée à compenser, autant qu'il est possible, la disparité que la rupture du mariage crée dans les conditions de vie respectives. Elle s'évalue alors à l'aune de différents critères, tel que l'état de santé, la durée du mariage, le nombre d'enfants, etc.

À l'inverse, les dommages et intérêts obéissent à une logique de responsabilité et de réparation. La notion de dommages et intérêts est indissociable de la notion de victime et de comportements fautifs.

Pourtant malgré ces différences essentielles, la prestation compensatoire et les dommages et intérêts entretiennent en pratique des relations parfois ambiguës qui méritent d'être éclaircies. L'analyse de la jurisprudence tend en effet à démontrer que les dommages et intérêts se révèlent souvent être un modérateur tant en l'absence (a) qu'en présence d'une prestation compensatoire (b).

a. Les dommages et intérêts en l'absence de prestation compensatoire

22. Il est à relever en jurisprudence une tendance qui consiste à accorder par des dommages et intérêts ce qui ne peut être accordé par la prestation compensatoire, faute de disparité objective dans les conditions de vie respectives des époux[133]. Il suffit pour s'en rendre compte de citer quelques décisions.

La Cour d'appel de Paris, dans un arrêt du 11 mars 2014 a ainsi condamné le mari à verser des dommages et intérêts sur le fondement des articles 1382 et 266 du Code civil alors que les conditions de versement de la prestation compensatoire n'étaient pas réunies[134].

En l'espèce, le mari, âgé de 60 ans, et l'épouse, âgée de 57 ans, sont mariés sous le régime de la séparation de biens. La vie commune a duré 28 ans. Le mari, pharmacien de son état, a été condamné pour escroquerie. Ce dernier utilisait frauduleusement des cartes vitales,

---

[133] V. G. Kessler, « Le refus de prestation compensatoire : panorama de jurisprudence », Dr. Fam. 2015, étude 1.

[134] Paris, 11 mars 2014, n° 13/00270, JurisData n° 2014-004545.

sans contrepartie de marchandises, gonflant ainsi le chiffre d'affaires de l'officine, pour maintenir artificiellement le train de vie confortable de la famille. Dans le cadre du divorce, il est condamné à verser à son épouse la somme de 80 000 euros de dommages-intérêts sur le fondement de l'article 1382 du Code civil ; son comportement fautif de l'époux étant directement à l'origine de la perte d'une chance pour celle-ci de bénéficier d'une prestation compensatoire. Il est également condamné à verser à son épouse la somme de 10 000 € de dommages-intérêts sur le fondement de l'article 266 du Code civil. En effet, fragilisée par une dépression du fait des agissements de son mari, cette dernière se retrouve seule pour assumer ses difficultés de santé et faire face à ses besoins alors qu'elle se retrouve sans emploi après 25 ans en qualité de salariée dans l'entreprise de son mari. La Cour a pris ici le soin de relever que le préjudice matériel consécutif au divorce n'a pu être normalement compensé par l'octroi d'une prestation compensatoire.

Dans cette affaire, les juges ont, semble-t-il, statué en équité. Ils ont compensé par l'allocation de dommages et intérêts à l'épouse victime l'absence de prestation compensatoire. Face à l'impossibilité d'appliquer les conditions de l'article 270 du Code civil, les juges ont eu recours aux articles 1382 et 266 du Code civil pour accorder une indemnisation à l'époux victime. Ce recours prétorien à « une prestation compensatoire déguisée » n'est pas isolé.

D'autres exemples sont significatifs. Dans une décision du 9 septembre 2010[135], la Cour d'appel de Paris a écarté la demande de prestation compensatoire formée par l'épouse en raison de la brièveté du mariage (quatre ans), de la brièveté de la vie commune (9 mois seulement), de l'absence d'enfant, du jeune âge des époux et du choix de vie personnel de la femme d'origine vietnamienne qui souhaitait épouser un français et vivre en France. Mais, la Cour a relevé, à l'inverse, que la rupture du lien conjugal aux torts exclusifs du mari a des conséquences d'une particulière gravité pour l'épouse, qui se voit désormais contrainte de rester en France après avoir abandonné tout ce qui l'attachait à son pays d'origine. Le régime politique du Vietnam ne lui permettant pas, en effet, de retrouver la situation familiale et sociale qui était la sienne comme professeur de langues.

---

[135] Paris 9 sept. 2010, JurisData n° 2010-016323.

Forte de ces éléments, l'épouse s'est alors vue allouer, à titre de dommages et intérêts, une somme de 10 000 € sur le fondement des articles 266 et 1382 du Code civil.
Enfin, un autre arrêt rendu par la même juridiction le 27 janvier 2015 mérite également l'attention[136]. Dans cette affaire, la Cour a rejeté la demande de prestation compensatoire de l'épouse, faute de disparité dans les conditions de vie respectives des époux. Mais elle lui a octroyé la somme de 20 000 € au titre de dommages et intérêts, au visa de l'article 266 du Code civil, mettant en avant les conséquences d'une particulière gravité subies par la femme, qui s'est retrouvée seule après 40 ans de vie commune consacrée à sa famille et à l'éducation des six enfants communs. Il est ici surprenant de voir que la Cour a retenu comme conséquence d'une particulière gravité, justifiant l'octroi de dommages et intérêts, le fait pour l'épouse bafouée de se retrouver seule après avoir consacré sa vie à l'éducation des 6 enfants communs. Ce critère n'est-il pas énoncé par l'article 271 du Code civil définissant les conditions d'attribution de la prestation compensatoire ?

23. Dans toutes les décisions citées, les dommages et intérêts apparaissent donc comme un modérateur inavoué à l'absence de versement de la prestation compensatoire. En réalité, là où le législateur a voulu objectiviser l'attribution de la prestation compensatoire, il semble que les juges, grâce à leur pouvoir souverain d'appréciation, mettent de la subjectivité dans les divorces, en recourant aux dommages et intérêts pour indemniser l'époux dont la situation ne permet pas l'allocation d'une prestation compensatoire[137]. De la même manière, il semble également que pour des mêmes comportements fautifs, le montant des dommages et intérêts varie selon l'attribution ou non d'une prestation compensatoire. Deux décisions sont assez significatives.

---

[136] Paris, 27 janv. 2015, n° 13/13540, JurisData n° 2015-001343.
[137] V. Versailles, 7 mai 2015, n° 13/07873, JurisData n° 2015-010472 ; en l'espèce, l'époux avait caché, pendant 22 ans, à son épouse l'existence d'un enfant né 10 ans après le mariage. La Cour a alors alloué à l'épouse la somme de 10.000 € au titre de dommages et intérêts, alors même qu'aucune disparité dans les conditions de vie des époux ne pouvait être établie ; dans le même sens, également Bordeaux, 5 mai 2015, n° 14/00909, JurisData n° 2015-010111 ; Douai, 26 mars 2015, n° 14/3837, 14/02764, JurisData n° 2015-007019.

- D'une part, un premier arrêt rendu le 15 janvier 2015 par la Cour d'appel de Versailles[138]. En l'espèce, alors qu'aucune prestation compensatoire n'avait pu être fixée, la Cour a attribué la somme de 10 000 euros au titre des dommages et intérêts en réparation du préjudice moral subi par l'épouse, dont le mari avait eu des relations non protégées avec des prostituées, exposant ainsi celle-ci à des risques de contamination.
- D'autre part, un second arrêt rendu le 25 février 2015 par la Cour d'appel de Poitiers est révélateur. Dans cette affaire, l'époux avait eu des relations extra-conjugales multiples ayant donné naissance à plusieurs enfants adultérins. Alors qu'il n'a été condamné qu'à verser une somme de 1 000 € à l'épouse bafouée, il a été condamné au versement d'une prestation compensatoire d'un montant de 35 000 €[139].

La confrontation de ces deux décisions de justice révèle parfaitement les relations ambiguës qu'entretiennent en pratique la prestation compensatoire et les dommages et intérêts. Dans le cas présent d'un adultère particulièrement injurieux, les dommages et intérêts ont joué le rôle de variable d'ajustement. Augmentés en l'absence de prestation compensatoire, ils ont au contraire été largement minorés en présence d'une prestation compensatoire.

b. Les dommages et intérêts en présence d'une prestation compensatoire

24. En présence d'une prestation compensatoire, les dommages et intérêts sont parfois utilisés comme un outil de modulation.

Les dommages et intérêts peuvent ainsi compléter une prestation compensatoire faible comme le démontre l'arrêt rendu par la Cour d'appel de Lyon le 3 mars 2015. En l'espèce, le mari a laissé sa femme et sa fille en Algérie en les privant de leur passeport. Durant la vie commune, il a été démontré que l'épouse était victime de violences morales et physiques de la part de son mari. De tels faits constituaient incontestablement des violations graves et renouvelées des obligations du mariage rendant intolérable le maintien de la vie commune. Le divorce a donc été prononcé aux torts du mari. Une prestation compensatoire a certes été accordée à l'épouse sous la

---

[138] Versailles, 15 janv. 2015, n° 13/04231, JurisData n° 2015-002328.

[139] Poitiers, 25 févr. 2015, n° 14/01000, JurisData n° 2015-005338.

forme d'un capital de 5 565 €, eu égard à la disparité dans les conditions de vie des époux. Des dommages et intérêts à hauteur de 4 000 € ont été alloués dans le même temps à l'épouse au visa de l'article 1382 du Code civil, du fait du préjudice moral subi[140].
À l'inverse, dans certains cas, les dommages et intérêts peuvent être un moyen pour le juge de diminuer les droits de l'époux fautif qui peut s'avérer bénéficiaire d'une prestation compensatoire.
Telle est la solution retenue par la Cour d'appel de Versailles dans un arrêt du 29 janvier 2015. Prononçant le divorce aux torts exclusifs de l'épouse infidèle, la Cour a toutefois condamné le mari à lui verser la somme de 50 000 € au titre de prestation compensatoire. Mais, dans le même temps, elle a condamné l'épouse à régler une somme de 5 000 € au titre des dommages et intérêts, réduisant finalement d'autant la prestation compensatoire reçue par cette dernière[141].
Le même raisonnement de compensation entre les dommages et intérêts et la prestation compensatoire a été utilisé par la Cour d'appel de Paris dans une décision en date du 5 septembre 2013[142]. La Cour a ici condamné le mari, ayant abandonné son épouse pendant sa grossesse, à lui verser une somme de 7 500 € au titre des dommages-intérêts au visa de l'article 1382 du Code civil. Pour sa part, le mari fautif se voit octroyer une prestation compensatoire de 5 000 €, compte tenu de la disparité des revenus des époux. Par le jeu de la compensation, l'époux fautif voit alors sa prestation compensatoire réduite à néant.
Il apparaît ainsi, à la lecture de ces deux décisions, que les dommages et intérêts sont devenus un régulateur pour le magistrat face au droit objectif à prestation compensatoire de l'époux fautif. Ils se révèlent constituer un instrument efficace pour compenser à la hausse ou à la baisse l'impact financier de la prestation compensatoire.

[140] Lyon, 3 mars 2015, n° 14/01392.
[141] Versailles, 29 janv. 2015, n° 13/09445, JurisData n° 2015-001347.
[142] Paris, 5 sept. 2013, n° 12/01913, JurisData n° 2013-018688.

Conclusion

25. En définitive, l'analyse de la jurisprudence s'avère très instructive pour les praticiens. Force est d'admettre qu'il est primordial de bien maîtriser les deux modes d'indemnisation que sont les articles 266 et 1382 du Code civil ; une telle maîtrise permettant alors sans aucun doute une meilleure articulation avec la prestation compensatoire. Compenser et indemniser ne sont pas antinomiques, bien au contraire. Il appartient donc aux praticiens de faire des dommages et intérêts et du divorce sinon les meilleurs amis du monde, à tout le moins de bons et loyaux amis...

L'attribution du logement de la famille

Par
Marie-Cécile LASSERRE
Maître de conférences à l'Université Nice Sophia Antipolis
Membre du CERDP

1. Le logement, énonçait Le Corbusier, est « *le temple de la famille* »[143]. Comme les « *nids* », le logement a *« une vocation familiale »*[144]. Quel que soit le mode de conjugalité, le logement familial est le lieu effectif et affectif de la vie du couple et de ses éventuels enfants. Conséquemment, le sort du logement familial est au cœur de toutes les séparations. Mais, la rupture du couple n'est pas synonyme de rupture du cadre de vie. Si ce cadre de vie veut être préservé pour les enfants ou conservé par l'un des conjoints, l'attribution du logement devient un enjeu de la séparation. De nombreuses variables personnelles s'immiscent dans le contentieux. L'enjeu patrimonial lors de l'attribution du logement de la famille demeure, toutefois, une question récurrente.

2. En ce qu'il est le lieu d'habitation effectif de la famille, le logement familial « *symbolise la rencontre des rapports personnels et (...) patrimoniaux du couple* »[145]. C'est pourquoi, le législateur a progressivement[146] édicté un « *statut civil du logement familial* »[147]. Désormais, du choix primitif du logement par le couple jusqu'au sort du « *logement après la fin du couple* »[148], le logement de la famille fait l'objet de mesures spécifiques. Le logement familial n'est pas uniquement appréhendé comme un bien patrimonial, sa « *fonction*

---

[143] Le Corbusier, *Les plans de Paris 1956-1922,* Éditions de Minuit, Paris, 1956.
[144] J. Carbonnier, *La famille, l'enfant, le couple,* PUF, Thémis, 21e éd., 2003 n° 87.
[145] A. Karm, « Mariage », *J. Cl. Civil Code*, Fasc. 30, 2015, n° 1.
[146] Y. Guyon, « Le statut du logement familial en droit civil », *JCP* 1966, I, 2041 ; M. Grimaldi, « Le logement et la famille », *Defrénois* 1983, 33120 et 33130.
[147] V. not. sur cette notion, Ch. Coutant-Lapalus, « Le sort du logement de la famille en cas de séparation du couple », *in* Dossier « Logement et famille », *AJ Fam.* oct. 2008, p. 364.
[148] S. Thouret, « Le couple et le logement », *in* Dossier « Mariage, pacs, concubinage : le guide », *AJ Fam.* janv. 2015, p. 14.

sociale »[149] est reconnue. Pourtant, le régime afférant au logement familial varie avec les formes d'union conjugale. Ces différences s'expriment pendant la vie du couple et se manifestent lors de la rupture de celui-ci.

3. En cas de situation de crise[150], de manière légitime en raison des tensions exacerbées dans le couple, le statut exceptionnel du logement familial s'intensifie. Temporairement, des mesures sont prévues afin d'assurer la stabilité du logement de la famille. Pendant l'instance de divorce[151], le logement familial est particulièrement protégé. Notamment, au titre des mesures provisoires, la jouissance du logement peut être attribuée à l'un des époux[152]. Cette mesure révèle le statut privilégié du mariage, puisque la jouissance provisoire du logement ne concerne ni le PACS, ni le concubinage. Néanmoins, une mesure temporaire commune existe en cas de violence conjugale[153]. Par une ordonnance de protection, la jouissance du logement est, généralement, attribuée à la victime des violences et les modalités de prise en charge des frais afférents audit logement sont réglées[154].

4. Si les situations de crise nécessitent des mesures provisoires, en cas de rupture, le futur patrimonial du couple doit être aménagé et, dès

---

[149] A. Karm, « Mariage », préc., n° 3.

[150] G. Crémont, « Le logement de la famille en période de crise », *JCP N* 1999, 2710.

[151] L. Gebler, « L'occupation du logement pendant l'instance en divorce », *in* Dossier « Logement et séparation », *AJ Fam.* oct. 2011, p. 461.

[152] Art. 255, 4° C. civ. Le juge peut attribuer cette jouissance à l'un des époux ou la partager entre eux, en précisant son caractère gratuit ou non. Cette jouissance provisoire concerne tant le logement loué que le logement qui constitue un bien commun ou indivis, voire propre ou personnel à l'un des époux.

[153] Concernant les époux, art. 515-11, 3° C. civ. et les partenaires ou les concubins, art. 515-11, 4° C. civ.

[154] V. not. A. Sannier, « L'ordonnance de protection : un dispositif d'urgence désormais renforcée », *Gaz. Pal.* 16 nov. 2014, p. 4 ; A. Bourrat-Guégen, « Le renforcement de la protection des personnes victimes de violences au sein du couple dans le cadre de la loi du 4 août 2014 pour l'égalité réelle entre les femmes et les hommes », *LPA* 12 fév. 2015, p. 7. Avant la loi n° 2014-873 du 4 août 2014 pour l'égalité réelle entre les femmes et les hommes, E. Viganotti, « Comment quitter le domicile conjugal ? », *in* Dossier « Logement et séparation », *AJ Fam.* oct. 2011, p. 458.

lors, le sort du logement familial doit être réglé. Deux voies sont envisageables.
D'une part, l'attribution du logement familial peut résulter d'un accord amiable du couple. À nouveau, le sort du domicile des époux est davantage protégé. En effet, l'accord des époux est spécifiquement encadré[155]. Il est contrôlé et soumis à homologation[156]. En outre, le logement familial peut bénéficier de garanties de protection comme le pacte de préférence, la convention d'indivision ou encore la désolidarisation du prêt immobilier[157]. Concernant les partenaires et les concubins, le couple peut s'entendre sur l'attribution du logement familial. Toutefois, aucune modalité spécifique n'est prévue en cas d'accord. Il s'ensuit, à titre d'exemple, qu'un acte de licitation, un droit de vente ou encore une convention d'indivision[158] sont nécessaires concernant le bien indivis.

D'autre part, l'attribution du logement de la famille restant l'un des litiges qui cristallise le plus les tensions lors de la séparation, le législateur a prévu diverses mesures concernant l'attribution du logement de la famille en cas de conflit du couple désuni. Concernant le logement loué, en considération des intérêts sociaux et familiaux, l'un des époux[159] ou l'un des partenaires[160] peut se voir attribuer le droit au bail du logement servant effectivement à l'habitation familiale. Ce droit au bail ne bénéficie pas au concubin. Tout au plus, le concubin abandonné, qui n'avait pas conclu le bail, bénéficiera d'une continuation du contrat de location[161]. Aussi, un droit au bail forcé sur le logement propre ou personnel d'un époux peut être attribué à l'autre époux à condition qu'il exerce l'autorité parentale[162]. Une disparité réapparaît. Alors que l'intérêt supérieur de la famille

---

[155] V. par exemple, suite à la loi n° 2004-439 du 26 mai 2004 relative au divorce, O. Matocq, « Les accords et conventions dans le nouveau droit du divorce », *AJ Fam.* janv. 2006 p. 17.
[156] Dans cet ouvrage, v. N. Fricero, « La force des conventions homologuées ».
[157] G. Pitti, « Le logement et la rupture du couple » *in* Dossier « Logement et séparation », *AJ Fam.* oct. 2011, p. 464.
[158] G. Pitti, « Le logement et la rupture du couple » préc., p. 464.
[159] Art. 1751 al. 2 C. civ.
[160] Art. 1751-1 C. civ.
[161] Art. 14 Loi n° 89-462 du 6 juillet 1989 tendant à améliorer les rapports locatifs.
[162] Art. 285-1 C. civ. Ce bail est renouvelable jusqu'à la majorité du plus jeune des enfants, *cf. infra* n° 22.

justifie le droit au bail forcé, ce droit est fermé aux partenaires et aux concubins. Plus largement, le partenaire ou le concubin n'a aucune possibilité de recueillir des droits personnels ou réels sur le bien appartenant personnellement à l'autre membre du couple. *A contrario*, ces droits sont ouverts à l'époux bénéficiaire d'une prestation compensatoire[163]. Enfin, si le logement familial est commun ou indivis entre les époux[164] ou partenaires[165], ce logement peut faire l'objet d'une attribution préférentielle[166].

5. Progressivement, un statut civil du logement familial s'est formé. Pourtant, un « *socle de règles protectrices* »[167] du logement familial fait défaut. Aussi, le régime relatif à l'attribution du logement familial manque d'homogénéité[168]. L'attribution du dit logement varie en fonction de deux critères essentiels[169]. Un premier critère de distinction résulte de la nature du droit par lequel est assuré le logement. En effet, si l'attribution de la titularité du bail d'habitation est la seule mesure applicable en cas de logement loué, les solutions se multiplient lorsque le logement est la propriété de l'un ou des deux conjoints. Dans ce dernier cas, deux difficultés peuvent se surimposer, celle de caractériser l'aspect familial du logement[170] et celle de déterminer la propriété du bien en cause[171]. À ce premier critère de

---

[163] Art. 274, 2° C. civ.

[164] Art. 831-2 et 1542 C. civ.

[165] Art. 515-6 C. civ.

[166] Afin d'en bénéficier, l'époux demandeur doit habiter de manière effective dans le logement. Mais, si l'abandon a été provoqué l'attribution peut être demandée. Ainsi, une épouse qui n'a pas pu faire exécuter l'ordonnance l'ayant autorisée à résider séparément au domicile conjugal en raison du climat de violence instauré par son mari et ayant abouti à la condamnation pénale de ce dernier, peut demander l'attribution préférentielle du logement, Cass. 1re civ., 1e, 13 avr. 1992, n° 90-16893, *RTD civ.* 1992, p. 744, note J. Hauser.

[167] G. Pitti, « Le logement et la rupture du couple », préc., p. 464.

[168] A. Tisserand-Martin, « La protection légale du logement familial : modèle pour un droit commun des couples ? », *in Mélanges en l'honneur du doyen G. Wiederkehr,* Dalloz 2009, p. 829.

[169] Dans ce sens, Ch. Coutant-Lapalus, « Le sort du logement de la famille en cas de séparation du couple », préc., p. 364.

[170] Sur cette notion, v. not. Y. Buffelan-Lanore, « Domicile, demeure et logement familial », *Rep. Dr. civ., Dalloz,* juin 2015.

[171] Sur les différentes difficultés pouvant se poser, E. Mulon, « Logement et liquidation des intérêts patrimoniaux : les comptes entre époux, partenaires et concubins », *in* Dossier « Logement et séparation », *AJ Fam.* oct. 2011, p. 524 ;

distinction, fondé sur la nature du droit par lequel est assuré le logement, s'ajoute un second critère. Ce second critère est le mode de conjugalité du couple. En effet, même si les régimes juridiques du mariage et du PACS tendent sur certains points à se rapprocher, les mesures destinées à attribuer le logement familial varient en fonction du lien qui unit le couple. À ces deux critères de distinction majeurs s'ajoutent des modalités d'exécution particulières, des procédures spécifiques ou encore des conditions d'applicabilité propres à certaines mesures d'attribution. En définitive, le régime relatif à l'attribution du logement familial est régi par différentes variables qui se croisent, se combinent ou s'excluent. Dans ce dédale, un socle commun fait défaut. Néanmoins, quelle que soit la configuration envisagée, derrière l'objectif de pérennité du logement familial se profile un enjeu récurrent d'ordre patrimonial. Ce dernier aspect est d'autant plus important que « *le droit extrapatrimonial au logement* (semble) *protégé* »[172] à travers les droits patrimoniaux.

6. L'attribution du logement de la famille a pour vocation d'assurer la pérennité du cadre de vie pour un membre du couple ou leur enfant. Ainsi, ce logement, autrefois « *essentiel à la vie (...) et à la cohésion de la famille* »[173], se mue en un lieu aux fonctions renouvelées pour l'attributaire. Vis-à-vis du logement de la famille, les relations personnelles du couple sont rompues par l'attribution. Concernant les relations patrimoniales, la solution n'est pas aussi nette. Les droits relatifs à l'attribution du logement de la famille sont à géométrie variable. Dès lors, les conséquences de cette attribution sur les droits et obligations patrimoniaux du couple dissous varient. L'attribution du logement est soit un facteur d'extinction des obligations patrimoniales (I), soit un facteur de transformation des obligations patrimoniales (II).

Ph. Flores, « Séparation d'un couple surendetté et sort de l'immeuble », *AJ Fam.* oct. 2011, p. 530.

[172] M. Lamarche, « 116. État matrimonial », *in Droit de la famille 2014/2015,* Dalloz, Dalloz Action, éd. n° 6, n° 116.32.

[173] J. Flour et G. Champenois, *Les régimes matrimoniaux*, Armand Colin, coll. « U », 2e éd., 2001, p. 112, n° 122.

I. L'attribution du logement, facteur d'extinction des obligations patrimoniales

7. L'attribution du logement familial est un signe ostensible de la rupture du couple. À cette rupture personnelle du couple peut s'ajouter une rupture totale de toutes les relations patrimoniales du couple concernant le logement. Cette rupture résulte d'une attribution dérogatoire aux formes ordinaires du partage[174] voire attentatoire au droit de propriété. C'est pourquoi, si les modalités de la liquidation des droits sont, nécessairement, encadrées (A), la protection des droits dans la liquidation est indispensable (B).

A. Les modalités de la liquidation des droits

8. Le logement familial peut faire l'objet d'une attribution préférentielle du droit au bail ou de la propriété du logement. L'attribution du logement en pleine propriété peut également constituer une modalité de la prestation compensatoire. Ces différentes formes d'attributions ont des fondements différents. Toutefois, leur finalité est identique. L'attribution du logement engendre une rupture des liens patrimoniaux du couple sur le logement.

9. Concernant le logement loué, la loi pour l'accès au logement et un urbanisme rénové du 24 mars 2014[175] a rapproché le régime du PACS de celui du mariage. Désormais, en considération des intérêts sociaux et familiaux des parties, le droit au bail du logement peut être attribué à l'un des époux ou l'un des partenaires[176]. Dans ce cas, le principe de cotitularité légale entre époux, pouvant être qualifié d'indivision *sui generis*[177], cesse. La solution est connue. Puisque le logement familial n'existe plus, les droits des cotitulaires, mais également leurs obligations n'ont plus lieu d'être. Le bénéfice de la

---

[174] Dans ce sens, P. Catala et J. Combret, « Partage, Attribution préférentielle, Généralités. Les biens », *J. Cl. Civil Code,* Fasc. 10, 2015, n° 3.

[175] X. Guédé et F. Letellier, « La titularité du bail d'habitation dans le couple (la loi Alur : un prétexte pour faire un point) », *LPA* 30 avr. 2015, p. 57.

[176] Respectivement, art. 1751 al. 2 et 1751-1 C. civ.

[177] Ph. Malaurie et L. Aynès, *Les régimes matrimoniaux*, Defrénois, 4e éd., 2013, n° 77.

cotitularité disparaît dès la transcription du jugement du divorce[178] en marge des registres de l'état civil. Dans la mesure où il ne s'agit pas d'une cession de droit, cette cessation s'impose sans notification au bailleur. Ce dernier n'a pas à être averti, mais la pratique pourrait le conseiller[179]. Quant aux partenaires, ils sont tenus solidairement au paiement du loyer et des charges jusqu'à la dissolution du PACS. Toutefois, en présence d'une clause de solidarité, la solution diffère. Le partenaire donnant congé reste tenu solidairement jusqu'à l'expiration du bail[180]. Concernant la solidarité conventionnelle entre époux, la Cour de cassation a apporté une précision importante dans un arrêt du 22 octobre 2015[181]. Par cette décision, mentionnée au rapport de la Cour de cassation, la Cour pose que la transcription du jugement de divorce met fin à la cotitularité tant légale que conventionnelle. Une transcription éteint donc une obligation contractuelle. La cotitularité légale « *absorbe* »[182] la cotitularité conventionnelle. Dès lors, par l'attribution du droit au bail, la liquidation des droits est totale. Elle l'est entre les époux. Et la rupture du couple se répercute sur le bailleur.

10. Outre le droit au bail, le logement familial peut, aussi, faire l'objet d'une attribution préférentielle en pleine propriété. La demande d'attribution préférentielle peut être formée tant que le partage n'a pas été définitivement réglé[183]. Cette attribution préférentielle concerne,

---

[178] V. par ex. Cass. 3ème civ., 2 févr. 2000, n° 97-18924, *Dr. fam.* 2000. comm. n° 41, obs. B. Beignier ; *JCP* 2000, I. 245, obs. G. Wiederkehr ; *Defrénois* 2000, 1177, obs. A. Bénabent ; Civ. 3e, 31 mai 2006, n° 04-16920, *D.* 2006, p. 2777, note N. Damas ; *RTD civ.* 2006, p. 812, obs. B. Vareille ; *Dr. fam.* 2006, comm. n° 147, note V. Larribau-Terneyre.

[179] Dans ce sens, R. Le Guidec, « Attribution préférentielle », *J.-Cl. liquidations-partages*, Fasc. 100, 2015, n° 111.

[180] B. Vial-Pedroletti, « Bail d'habitation. Locations régies par le droit commun du louage (Code civil). Logement des époux ou des partenaires pacsés », *J. Cl. Civil Code,* Fasc. 220, 2015, n° 58 et s.

[181] Cass. 3ème civ., 22 oct. 2015, FS-P+B+R+I, n° 14-23726, *D. actu*, note Y. Rouquet ; *D.* 2015, p. 2616, note T. Lakssimi ; *AJ. Fam.* déc. 2015, p.682, obs. F. Bicheron ; *JCP* 2015, 2036, note Ch. Coutant-Lapalus ; *RJPF* déc. 2015, p.29, obs. T. Garé ; *Gaz. Pal.* 9 déc. 2015, p. 5, note S. Piedelièvre ; *JCP N* 2016, 46, note L. Mauger-Vielpeau.

[182] T. Lakssimi, note sous Cass. 3ème civ., 22 oct. 2015, préc.

[183] L'attribution préférentielle peut être formée tant que le partage n'est pas ordonné par une décision irrévocable, Cass. 1re civ., 9 janv. 2008, n° 06-20167, *Gaz. Pal.*

uniquement, le logement qui est un bien commun ou indivis. Cette attribution préférentielle du logement et du mobilier le garnissant peut être obtenue par l'un des époux[184] ou l'un des partenaires[185]. En revanche, les concubins n'en bénéficient pas[186]. Sauf convention, le concubin doit donc recueillir l'accord de son coïndivisaire pour conserver ledit logement. L'attribution préférentielle apparaît, en conséquence, comme un privilège des couples marié et pacsé. Toutefois, l'attribution préférentielle n'est pas de droit. Il s'ensuit qu'une décision[187] doit prononcer l'attribution préférentielle. Cette décision n'entraîne pas une rupture des liens entre le couple. En effet, le transfert de propriété n'est pas immédiat. L'attributaire retire du jugement un *jus ad rem*[188], soit le droit de recevoir le bien dans le partage à intervenir. Le bénéficiaire de l'attribution préférentielle ne devient propriétaire exclusif du bien attribué qu'au jour du partage définitif[189]. Dès lors, jusqu'au partage, les rapports patrimoniaux perdurent dans le couple. C'est pourquoi, d'une part, le bénéficiaire de l'attribution peut y renoncer lorsque la valeur du bien a augmenté de plus du quart au jour du partage indépendamment de son fait personnel[190]. D'autre part, le bien demeure indivis jusqu'au jour du partage définitif. Il résulte que les règles relatives aux biens indivis s'appliquent. Notamment, l'indivisaire qui use privativement du logement doit, sauf disposition contraire, une indemnité à son coïndivisaire. Au jour du partage, le bénéficiaire de l'attribution préférentielle devient propriétaire exclusif du logement familial entraînant de fait une rupture des liens dans le couple par la liquidation des droits sur le logement.

11. L'attribution du logement familial en pleine propriété peut également résulter de l'exécution de la prestation compensatoire. En

---

23 nov. 2008, p.20, note E. Mulon.

[184] Art. 831-2 et 1542 C. civ. Conformément à l'article 1542 du Code civil, l'époux séparé de biens peut prétendre à l'attribution préférentielle, puisque la condition de l'attribution préférentielle est le caractère commun ou indivis du bien.

[185] Art. 831 C. civ. Suivant l'article 515-6 et les renvois opérés, l'indivision peut indifféremment être conventionnel ou d'acquêt.

[186] Cass. 1re civ., 6 nov. 2013, n° 12-26446, *RTD civ.* 2014, p. 92, note J. Hauser.

[187] Art. 267, al. 2 C. civ.

[188] P. Catala et J. Combret, « Partage, Attribution préférentielle, Généralités. Les biens », préc., n° 13.

[189] Art. 834 al. 1er C. civ.

[190] Art. 834 al. 2 C. civ.

effet, la prestation compensatoire peut prendre la forme d'une attribution de biens en propriété, donc concerner le logement familial[191]. Le logement peut être un bien commun ou indivis. Cette attribution judiciaire peut, de même, porter sur un bien propre ou personnel du débiteur[192]. L'accord de ce dernier est, cependant, requis pour l'attribution de biens reçus par donation ou succession[193]. Sans traiter des modalités d'évaluation de la prestation compensatoire[194], il convient de préciser que cette attribution n'est pas de droit[195]. Elle doit être la seule de nature à garantir le versement de la prestation compensatoire[196]. Dans ce cas, le jugement opère « *cession forcée en faveur du créancier* »[197]. Cette attribution du logement familial est un privilège du mariage puisqu'aucune prestation compensatoire n'est applicable au PACS et concubinage. Lorsque le logement est la propriété exclusive de l'un des partenaires ou concubins, son attribution à l'autre ne peut résulter que d'un acte de vente ou de donation et se trouve donc hors des règles de l'attribution du logement de la famille.

12. Que le logement soit attribué par l'attribution préférentielle du droit au bail ou du droit de propriété ou par l'attribution judiciaire en pleine propriété, les droits entre les membres du couple sont liquidés. Ces formes d'attribution du logement familial engendrent une rupture des liens patrimoniaux sur le logement. Cependant, elles ne répondent pas à la même logique. D'une part, le partage par l'attribution préférentielle est une modalité dérogatoire aux formes ordinaires du partage par répartition. D'autre part, l'attribution judiciaire apparaît

---

191 Art. 274 C. civ.

192 En principe, la séparation du couple ne remet pas en cause le titre de propriété du bien immobilier appartenant en propre ou personnellement à un membre du couple. Ce principe est indérogeable en cas de dissolution du PACS et de rupture du concubinage. Ce principe souffre, toutefois, d'exceptions en cas de séparation du couple marié.

193 Art. 274, 2°, C. civ.

194 Dans cet ouvrage, v. N. Beurgaud, « L'évaluation de la prestation compensatoire ».

195 L'accord de l'époux débiteur est, en outre, exigé pour l'attribution en propriété de biens qu'il a reçus par succession ou donation, art. 274, 2° C. civ.

196 Civ. 1e, 28 mai 2014, n° 13-15760, *Dr. fam.* 2014, comm. n° 107, J.-R. Binet ; *D.* 2015, p. 649, obs. M. Douchy-Oudot ; *JCP* 2014, 953, note H. Bosse-Platière ; *AJ Fam.* oct. 2014, p. 558, obs. S. Thouret ; *RTD civ.* 2014, p. 630, obs. J. Hauser.

197 Art. 274, 2° C. civ.

attentatoire au droit de la propriété. C'est pourquoi, lors de la liquidation, les droits des membres du couple sont protégés.

B. La protection des droits dans la liquidation

13. L'attribution préférentielle du droit au bail ou de la propriété du logement est une dérogation aux règles du partage. Par cette attribution, l'intégrité du patrimoine du membre du couple évincé du logement est atteinte. Afin de rétablir l'intégrité de ce patrimoine, l'attribution préférentielle est conditionnée à une contrepartie à la charge de l'attributaire du logement.

En cas d'attribution du logement familial loué, l'alinéa 2, de l'article 1751 du Code civil, ouvre droit à récompense ou à indemnité au profit de l'époux colocataire évincé. Le principe de la récompense résulte de l'appauvrissement de la communauté dans l'intérêt personnel de l'époux attributaire. Son principe est « *indiscutable* »[198]. En revanche, son évaluation est complexe dans la mesure où la valeur de la jouissance doit être appréciée[199]. Quant à l'indemnisation, elle doit être calculée en considération des dépenses supplémentaires engagées par le conjoint évincé pour se reloger. Cette atteinte à l'intégrité du patrimoine par l'attribution du logement loué a été prise en compte par la loi ALUR du 24 mars 2014, puisque le droit au bail est attribué à un des partenaires « *sous réserve des créances ou droits à indemnité au profit de l'autre* »[200].

En cas d'attribution préférentielle du logement familial en pleine propriété, le conjoint non attributaire doit recevoir des biens de valeur égale afin d'assurer l'intégrité de son patrimoine. Mais, souvent, le logement familial constitue « *l'élément principal (voire) unique de l'actif indivis* »[201]. Si l'égalité entre les copartageants ne peut être assurée au moyen de biens, le paiement d'une soulte est imposé à l'attributaire du logement. En principe[202], la totalité de la soulte due

---

[198] S. David, « 221. Sort du logement familial », *in Droit et pratique du divorce 2015/2016,* Dalloz, Dalloz référence, éd. n° 3, 2015, n° 221.83.

[199] Dans ce sens, S. David, « 221. Sort du logement familial », préc., n° 221.83.

[200] Art. 1751-1 C. civ.

[201] C. Brenner, « Partage » *Rep. Dr. civ. Dalloz* 2015, n° 282.

[202] Art. 832-4 C. civ.

est payable comptant[203]. La solution est justifiée par le caractère facultatif de l'attribution préférentielle. L'objectif est d'atténuer l'atteinte portée à l'égalité du partage. C'est pourquoi les juges du fond peuvent refuser l'attribution préférentielle si des difficultés de règlement de la soulte sont à craindre. Ainsi, dans un arrêt du 4 novembre 2015[204], la Cour de cassation a approuvé la décision de rejet d'une demande d'attribution préférentielle au motif que l'ex-épouse ne pouvait justifier de sa capacité à désintéresser financièrement son ex-mari, par le versement d'une soulte ou par l'attribution en nature au profit de celui-ci de biens d'une valeur équivalente. En pratique, l'attribution préférentielle s'avère, donc, difficile à mettre en œuvre ; l'attributaire ne bénéficiant pas nécessairement d'une assise financière lui permettant de régler la soulte. Son règlement peut, toutefois, être facilité. D'une part, le maintien judiciaire dans l'indivision[205] peut être demandé afin d'obtenir un délai supplémentaire pour se procurer les liquidités nécessaires au paiement de la soulte. D'autre part, le règlement de la soulte peut se compenser avec des éventuels dommages et intérêts[206] ou la prestation compensatoire dus à l'époux attributaire du logement familial.

14. En cas d'attribution préférentielle du logement familial, la dérogation aux règles du partage justifie le nécessaire rétablissement d'une égalité entre les membres du couple. En revanche, en cas d'attribution judiciaire en pleine propriété - soit par le biais de la prestation compensatoire - la logique diffère. La prestation compensatoire visant à égaliser les niveaux de vie des époux, elle a une nature indemnitaire. Son versement a donc pour objet de rétablir l'égalité entre les membres du couple. Contrairement à l'attribution préférentielle, le bénéficiaire du logement familial n'est pas redevable envers son ancien conjoint. Pour autant, le droit de propriété du

[203] Art. 1542 C. civ.
[204] Cass. 1re civ., 4 nov. 2015, n° 14-16624, v. dans le même sens, Cass. 1re civ., 23 sept. 2015, n° 14-21426.
[205] Art. 267 C. civ. Sauf à être renouvelé en présence de descendants mineurs jusqu'à la majorité du plus jeune d'entre eux (art. 822 C. civ.), le maintien de l'indivision ne peut pas excéder la durée de cinq années, (art. 823 C. civ.). En outre, en principe, l'époux occupant doit en principe une indemnité pour jouissance privative à l'indivision (art. 815-9 C. civ.).
[206] Dans cet ouvrage, v. L. Antonini-Cochin et L. Parent-Musarra, « Les dommages et intérêts et la séparation du couple ».

débiteur ne doit pas être atteint. C'est pourquoi le Conseil constitutionnel[207] a affirmé que l'attribution forcée est une modalité subsidiaire d'exécution de la prestation compensatoire en capital. Cette subsidiarité est indispensable afin de garantir le droit - inviolable et sacré - de propriété. Depuis, la Cour de cassation censure les décisions qui ne justifient pas avoir effectué une telle recherche[208] ou décidant que la prestation en capital, dont le montant correspondait à l'exacte moitié de la valeur de l'immeuble commun des époux, serait exécutée par l'attribution en pleine propriété de ce bien à l'épouse[209]. Dans un arrêt du 15 avril 2015[210], la Cour de cassation confirme sa jurisprudence, tout en rappelant le régime de l'attribution judiciaire en propriété. Lorsque la prestation compensatoire prend la forme d'une attribution de biens en propriété, son montant doit être précisé dans la décision qui la fixe. Et, condition cumulative, les juridictions du fond doivent justifier la subsidiarité de l'attribution forcée du bien en propriété à titre de prestation compensatoire.

15. Par l'attribution préférentielle ou judiciaire en propriété, l'attribution du logement est un facteur d'extinction des obligations patrimoniales. Certes, le logement peut faire l'objet d'un maintien en indivision, mais cette dernière mesure renvoie au partage tenu en échec. Or, afin d'aménager définitivement le futur patrimonial du couple, le logement doit être attribué et les obligations patrimoniales réglées entre le couple dissous. Ce règlement n'entraîne, toutefois, pas nécessairement une rupture totale entre les membres du couple. En effet, l'attribution du logement est, dans certains cas, un facteur de transformation des obligations patrimoniales.

---

[207] Cons. const. 13 juill. 2011, n° 2011-151 QPC, *AJ Fam.* sept. 2011, p.426, obs. N. Régis; *JCP N* 2011, 46, note J. Massip ; *RTD civ.* 2011, p. 565, obs. T. Revet ; *Dr. fam.* 2011, comm. n° 148, obs. V. Larribau-Terneyre ; *Gaz. Pal.* 9 oct. 2011, p. 16, note T. Piazzon.

[208] V. par ex. Cass. 1re civ., 5 nov. 2014, n° 13-22740, *RJPF* 2015, p. 25, note T. Garé ; *Gaz. Pal.* 20 mars 2015, p. 26, note V. Darmois.

[209] V. Cass. 1re civ., 28 mai 2014, n° 13-15760, préc.

[210] V. Cass. 1re civ., 15 avr. 2015, n° 14-11575, *RTD civ.* 2015, p. 594, obs. J. Hauser; *Dr. fam.* 2015, comm. n° 116, A.C. Réglier ; *RJPF* juin 2015, p. 27, note T. Garé ; *Gaz. Pal.* 21 juin 2015, p. 21, note H. Malherbe.

II. L'attribution du logement, facteur de transformation des obligations patrimoniales

16. L'attribution du logement de la famille assure la pérennité du cadre de vie pour son attributaire. Pour autant, le conjoint non attributaire n'est pas obligatoirement dépourvu de droit sur ce logement. En effet, par son attribution, le logement familial peut se muer en un bien partagé et conséquemment monnayé entre les anciens membres du couple. À nouveau, les configurations sont plurales. Dans tous les cas, les différentes formes de partage des droits sur le logement (A) imposent l'encadrement des droits sur le bien partagé (B).

A. Les formes de partage des droits

17. L'attribution du logement n'est pas synonyme d'attribution du droit de propriété du logement. L'attribution du logement peut, tout à la fois, assurer la continuité du cadre de vie pour l'un des conjoints et opérer le partage du bien entre les deux conjoints. Deux cas sont à distinguer. Dans un premier cas, le logement attribué reste la propriété exclusive de l'époux non attributaire. Dans un second cas, l'attribution du logement impose un démembrement de la propriété entre les anciens conjoints. Quelle que soit la configuration retenue, ces modes d'attribution sont un privilège du mariage.

18. D'une part, le partage du logement entre les anciens époux peut résulter d'un bail forcé[211]. En pratique, ce mode d'attribution du logement de la famille demeure rare ; probablement, car le bail concédé judiciairement est un bail forcé qui déroge au droit commun tant de la propriété que des contrats[212]. En effet, le bail forcé intervient dans un contexte spécifique. Uniquement[213] si l'un des époux est propriétaire en propre ou personnellement du logement familial, un bail forcé sur ledit bien peut être concédé à l'autre époux. Cette concession permet donc à l'époux non propriétaire du logement

---

[211] Art. 285-1 C. civ.

[212] Sur le bail forcé, v. M. Rebourg, « Effets du divorce. Le bail forcé sur le logement familial », *J. Cl. Divorce,* Fasc. 240, 2015.

[213] La concession d'un bail forcé est impossible sur un bien indivis, Cass. 1re civ., 25 janv. 2005, n° 03-10376, *Gaz. Pal.* 22 juill. 2005, p. 12, note J. Massip.

familial d'en conserver ou récupérer la jouissance. En contrepartie, le bail forcé ayant un caractère onéreux[214], l'époux bénéficiaire doit régler un loyer. Cette concession de bail forcé ne peut être donnée par le juge que lors du prononcé du divorce, jamais *a posteriori*[215]. Ce bail est soumis à une condition. Le juge ne peut le concéder *« qu'au conjoint qui exerce seul ou en commun l'autorité parentale sur un ou plusieurs de leurs enfants lorsque ceux-ci résident habituellement dans ce logement et que leur intérêt le commande »*[216]. Du fait de sa raison d'être, le bail forcé a une limite temporelle. Il prend fin « *à la majorité du plus jeune des enfants* »[217]. Un paradoxe apparaît. Bien que le bail forcé ait pour objet de protéger le lieu de vie des enfants mineurs, il reste une spécificité du droit du divorce.

19. D'autre part, le partage du logement entre les époux peut résulter d'un démembrement de la propriété[218]. Afin de garantir la primauté du versement de la prestation compensatoire en capital, le logement familial peut être attribué en pleine propriété[219]. De manière moins draconienne, la prestation compensatoire peut également prendre la forme d'un usufruit ou d'un droit d'usage et d'habitation sur le logement familial[220]. L'attribution du logement en usufruit opère un partage du bien qui confère des avantages tant à l'usufruitier qu'au nu-propriétaire. Cette attribution assure à l'usufruitier de conserver son cadre de vie ou d'en percevoir les revenus. Pour le nu-propriétaire, l'usufruit évite une sortie d'argent et, au terme de l'usufruit, le nu-propriétaire a vocation à devenir plein propriétaire du bien. Ce terme est, toutefois, variable. L'attribution de l'usufruit peut être limitée dans le temps[221]. Mais, en l'absence de précision[222],

---

[214] Sur la distinction avec la jouissance gratuite du logement conjugal, M. Rebourg, « Effets du divorce. Le bail forcé sur le logement familial », préc., n° 21.

[215] Cass. 2ème civ., 28 mars 2002, n° 00-18050, *Dr. fam.* 2002, comm. n° 113, note H. Lécuyer ; *Defrénois* 2002, 1161, obs. J. Massip ; *RTD civ.* 2002, p. 492, obs. J. Hauser.

[216] Art. 285-1 C. civ.

[217] Art. 285-1 C. civ.

[218] S. David, « La prestation compensatoire et les droits démembrés de propriété », *AJ Fam.* mai 2004, p. 166.

[219] *Cf. supra* n° 11.

[220] Art. 274, 2° C. civ. Aucune distinction n'est à faire entre les biens immobiliers propres ou communs, Civ. 2e, 1e avr. 1992, n° 90-15816.

[221] Cass. 2ème civ., 29 nov. 1989, n° 88-11481.

[222] Cass. 2ème civ., 23 nov. 1994, n° 93-12704, *RTD civ.* 1994, p. 338, obs. J. Hauser.

la durée de l'usufruit est celle de la vie de son attributaire. Il en résulte une transmission de la charge de la prestation de l'usufruit aux héritiers du débiteur. À l'instar de l'usufruit, le droit d'usage et d'habitation opère un partage du logement. À nouveau, il s'agit d'un « *droit temporaire ou viager* »[223], dont la charge est transmise aux héritiers du débiteur. Son titulaire a, toutefois, de moindres droits en comparaison de l'usufruitier. En effet, l'attributaire du logement ne peut ni céder ni louer le logement. Concernant ces deux formes d'attribution, le jugement attribuant l'usufruit de logement au créancier de la prestation compensatoire ou qui confère un droit d'usage et d'habitation vaut « *cession forcée* »[224].

20. Par le démembrement de la propriété du logement familial ou l'attribution du bail forcée, le logement est un bien partagé entre les anciens époux. L'un est toujours et nécessairement attributaire du logement, mais les deux ont des droits et obligations sur ledit logement. Cette attribution fait, alors, du logement un bien monnayé. En conséquence, la dissolution du lien matrimonial fait naître de nouveaux rapports dans le couple désuni, qui imposent l'encadrement des droits sur le bien partagé.

B. L'encadrement des droits sur le bien partagé

21. Alors que les anciens époux « *aspirent à fuir leur passé* »[225], l'attribution du logement partagé crée de nouvelles relations dans le couple désuni. D'une relation garantissant une égalité ou *a minima* une protection des droits patrimoniaux, les anciens époux sont désormais liés par un rapport pécuniaire. Ce rapport varie en fonction du mode d'attribution du logement.

22. Dans le cadre du droit au bail forcé, contrairement au droit au bail de l'article 1751 du Code civil, le logement objet du bail appartient en propre ou personnellement à l'un des conjoints. Par l'attribution du droit au bail forcé, le juge crée un contrat pour lequel « *le droit du propriétaire cède devant l'intérêt supérieur de la*

---

[223] Art. 274, 2° C. civ.

[224] Art. 274, 2° C. civ. Le jugement de divorce étant un acte authentique, il peut être directement publié à la conservation des hypothèques.

[225] H. Bosse-Platière, « 135. Régime de la prestation compensatoire », *in Droit de la famille 2014/2015,* Dalloz, Dalloz Action, éd. n° 6, n° 135.61.

famille »[226]. Une relation bailleur/locataire dans le couple dissous en résulte. Par principe, le droit relatif aux baux d'habitation s'applique. En conséquence, l'attribution du logement peut faire naître tout litige lié à l'exécution du bail. Une double spécificité doit, néanmoins, être relevée. En raison des conditions relatives à l'attribution du logement, la fin du bail peut résulter, notamment, d'une modification du droit de garde[227]. Et en raison du caractère forcé du bail, le juge a des pouvoirs exorbitants en la matière. Ainsi, en cas de désaccord des parties, le juge se substitue au bailleur en fixant le montant du loyer et les conditions du bail[228].

23. L'attribution du logement de la famille en usufruit est également créatrice d'une nouvelle relation dans le couple désuni. Cette forme d'attribution du logement de la famille présente des avantages manifestes pour les anciens époux[229]. Toutefois, ces avantages ne doivent pas en occulter les potentielles difficultés[230]. En effet, l'attribution du bien en usufruit crée une relation juridique de nu-propriétaire à usufruitier entre les anciens époux. Par principe, même si le juge n'est pas lié par le droit commun et peut organiser différemment les droits et obligations des anciens époux, le droit de l'usufruit s'applique[231]. Ainsi, des droits et des obligations à la charge de chacune des parties résultent de ce démembrement de la propriété. Dès lors, l'attribution du logement de la famille en usufruit peut être la source de contentieux. Par exemple, des litiges peuvent naître sur la prise en charge des grosses réparations du logement, en principe, à la

---

[226] J. Beauchard, « Le bail forcé du logement de la famille à la suite du divorce », *JCP N* 1982, I, p. 63.

[227] Ainsi, « *un transfert de l'exercice de l'autorité parentale au parent propriétaire du logement ou plus fréquent un changement de résidence habituelle des enfants sont des circonstances justifiant la résiliation du bail* », M. Rebourg, « Effets du divorce. Le bail forcé sur le logement familial », préc., n° 65.

[228] M. Rebourg, « Effets du divorce. Le bail forcé sur le logement familial », préc., n° 56.

[229] *Cf. supra* n° 19.

[230] Du fait du régime de l'attribution du logement en usufruit, la mesure de la valeur économique de ce droit est un point sensible. Cette difficulté relative à l'évaluation de la valeur de l'usufruit ou la valeur du bien attribué en usufruit se retrouve lorsque la prestation compensatoire est attribuée sous la forme d'un droit d'usage et d'habitation, dans ce sens H. Bosse-Platière, « 135. Régime de la prestation compensatoire», préc., n° 135.71.

[231] Art. 582 et s. C. civ.

charge du propriétaire ou sur les réparations d'entretien, en principe, à la charge de l'usufruitier[232]. Aussi, la vente du logement est au cœur de nombreuses difficultés. En effet, conformément au droit commun qui est applicable aux anciens époux[233], la vente du bien nécessite le consentement de l'usufruitier et « *le juge ne peut, à la demande d'un propriétaire, ordonner la vente de la pleine propriété d'un bien grevé d'usufruit contre la volonté de l'usufruitier* »[234]. Toutefois, en cas d'abus de droit de la part de l'usufruitier opposant[235], la vente du logement peut produire son plein effet sans l'accord de l'usufruitier[236]. L'attribution du logement de la famille en usufruit n'est, donc, pas dépourvue de tensions, voire de litiges dans le couple désuni.

24. Enfin, l'attribution du logement de la famille en nature pour l'usage et l'habitation crée une nouvelle relation dans l'ancien couple. Conformément à l'article 628 du Code civil, « *les droits d'usage et d'habitation se règlent d'après le titre qui les a établis* ». Afin d'éviter les contentieux, l'acte qui met en place le droit d'usage et d'habitation doit prévoir le détail des obligations et des charges de chacune des parties. En l'absence de dispositions contractuelles spécifiques, les règles de droit commun du droit d'usage et d'habitation sont applicables[237]. Dans tous les cas, le droit d'usage et d'habitation est soumis à des règles impératives. Ainsi, l'usager et celui qui a un droit d'habitation doivent jouir du logement non plus en bons pères de famille, depuis la loi du 4 août 2014 pour l'égalité réelle entre les femmes et les hommes, mais « *raisonnablement* »[238].

25. Le logement de la famille, bien à part dans le patrimoine du couple, exacerbe les tensions lors de la séparation. Son attribution est un enjeu avant tout personnel, mais aux conséquences patrimoniales majeures. Progressivement, un régime de l'attribution du logement de

---

232 Art. 605 C. civ.
233 Cass. 1re civ., 13 oct. 1993, n° 91-20707, *RTD civ.* 1994, p.85, obs. J. Hauser.
234 Art. 815-5 C. civ.
235 Cass. 1re civ., 8 déc. 1998, n° 96-14070, *Dr. fam.* 1999, comm. n° 42, note H. Lécuyer ; *Defrénois* 1999, 37031, obs. J. Massip.
236 Le droit de l'usufruitier de s'opposer n'est, donc, pas discrétionnaire. Toutefois, la caractérisation de l'abus de droit est difficile, d'autant plus que son objet est complexe à cerner.
237 Art. 625 et s. C. civ.
238 Art. 627 C. civ.

la famille se forme. Son manque d'homogénéité est, toutefois, manifeste. Le couple marié bénéficie d'un régime privilégié. Le concubinage - s'en être ignoré - est délaissé[239]. Entre les deux, le régime du PACS tend à se rapprocher, sans s'y assimiler, de celui du mariage. Cette différence de traitement est justifiable. Un socle commun de règle protectrice fait, néanmoins, défaut. Le Corbusier énonçait que le logement est le « *temple de la famille* » et, précisait-il, « *il est permis d'y vouer toute sa ferveur, toutes les ferveurs* »[240]. Ainsi, au cœur des enjeux patrimoniaux de la séparation, l'attribution du logement de la famille continuera de demeurer une question récurrente.

---

[239] L. Mauger-Vielpeau, « Le logement des concubins en cas de rupture : l'insécurité juridique peut- elle être levée ? », *LPA* 30 avril 2015 n° 86, p. 62.

[240] Le Corbusier, *Les plans de Paris 1956-1922,* Éditions de Minuit, Paris, 1956.

L'HARMATTAN ITALIA
Via Degli Artisti 15; 10124 Torino

L'HARMATTAN HONGRIE
Könyvesbolt ; Kossuth L. u. 14-16
1053 Budapest

L'HARMATTAN KINSHASA
185, avenue Nyangwe
Commune de Lingwala
Kinshasa, R.D. Congo
(00243) 998697603 ou (00243) 999229662

L'HARMATTAN CONGO
67, av. E. P. Lumumba
Bât. – Congo Pharmacie (Bib. Nat.)
BP2874 Brazzaville
harmattan.congo@yahoo.fr

L'HARMATTAN GUINÉE
Almamya Rue KA 028, en face
du restaurant Le Cèdre
OKB agency BP 3470 Conakry
(00224) 657 20 85 08 / 664 28 91 96
harmattanguinee@yahoo.fr

L'HARMATTAN MALI
Rue 73, Porte 536, Niamakoro,
Cité Unicef, Bamako
Tél. 00 (223) 20205724 / +(223) 76378082
poudiougopaul@yahoo.fr
pp.harmattan@gmail.com

L'HARMATTAN CAMEROUN
BP 11486
Face à la SNI, immeuble Don Bosco
Yaoundé
(00237) 99 76 61 66
harmattancam@yahoo.fr

L'HARMATTAN CÔTE D'IVOIRE
Résidence Karl / cité des arts
Abidjan-Cocody 03 BP 1588 Abidjan 03
(00225) 05 77 87 31
etien_nda@yahoo.fr

L'HARMATTAN BURKINA
Penou Achille Some
Ouagadougou
(+226) 70 26 88 27

L'HARMATTAN SÉNÉGAL
10 VDN en face Mermoz, après le pont de Fann
BP 45034 Dakar Fann
33 825 98 58 / 33 860 9858
senharmattan@gmail.com / senlibraire@gmail.com
www.harmattansenegal.com

L'HARMATTAN BÉNIN
ISOR-BENIN
01 BP 359 COTONOU-RP
Quartier Gbèdjromèdé,
Rue Agbélenco, Lot 1247 I
Tél : 00 229 21 32 53 79
christian_dablaka123@yahoo.fr

Achevé d'imprimer par Corlet Numérique - 14110 Condé-sur-Noireau
N° d'Imprimeur : 130645 - Dépôt légal : juillet 2016 - *Imprimé en France*